La plus étrange volupté

Le goût des corrections lascives

Psychologie exacte de cette passion

PAR

Estèvan y San Yago

LA FLAGELLATION
TELLE QU'ELLE EST

LA FLAGELLATION
TELLE QU'ELLE EST

Psychologie exacte
de la
Passion du Fouet

PAR

Estèvan y San Yago

LA PLUS ÉTRANGE VOLUPTÉ

- Comment elle s'explique
- Ceux qui la recherchent
- Sa genèse dans l'individu
- Ses effets et leurs conséquences
- Comment on l'évite
- Comment on y renonce

NEW-EDITION
PARIS, 20, RUE DE LA VICTOIRE, 9e
(Envoi gratuit du catalogue complet)

2586

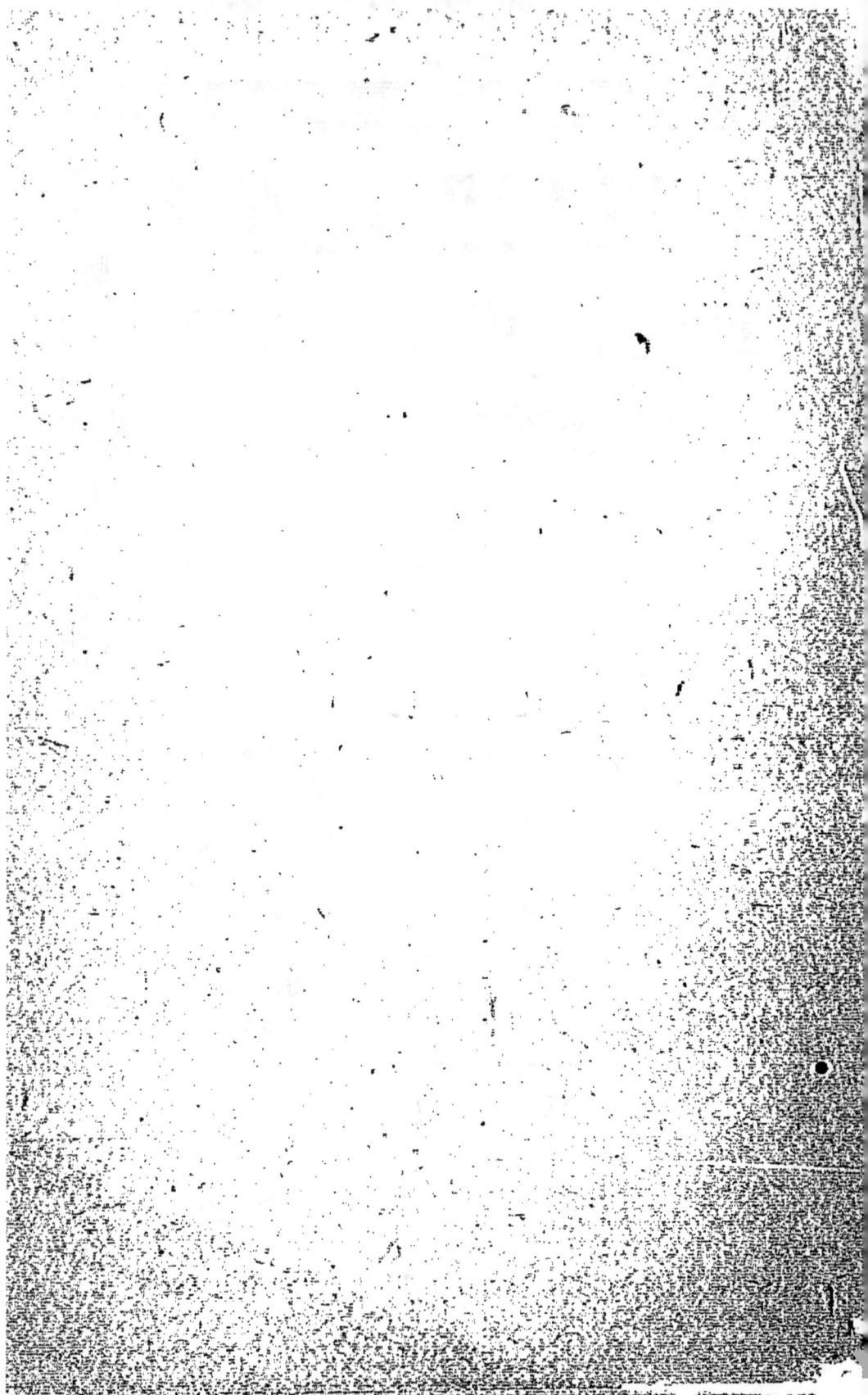

La Flagellation
telle qu'elle est

Introduction

Il faut entendre par passion toute tendance exagérée et continue vers une satisfaction de l'esprit, du cœur ou des sens. Le goût du jeu en mode cérébral, la jalousie en mode sentimental, la gourmandise en mode sensuel sont des passions lorsque leur intensité est suffisante pour leur subordonner complètement l'individu, pour que leur

satisfaction s'impose impérieusement.

Par extension, on applique le
mot « passion » aux aberrations de
l'instinct génésique, à toutes les
pratiques par lesquelles le spasme
sexuel est anormalement provoqué.

La flagellation, dont nous trai-
tons dans cet ouvrage a pour motif
la recherche d'une volupté particulière doublée d'une émotion morbide. Elle réunit deux groupes de
passionnés dont les uns trouvent la
joie sensuelle à frapper les parties
charnues de personnes du même
sexe ou du sexe opposé et les autres
à subir ce traitement.

Notre objectif en présentant ce
sujet est d'abord d'en faire un
tableau exact. De trop nombreux
ouvrages, inspirés et vendus par
une immonde salacité, répandent
sur la question une fatale erreur en
fardant son exposé de manière à le
rendre séduisant. La vision réelle

de la flagellation n'est pas du tout engageante. Nous la montrons telle qu'elle est, certain que la lecture de notre exposé arrêtera bien des velléités issues de lectures malsaines.

Les auteurs des volumes à la cantharide auxquels nous venons de faire allusion n'ont pas du tout le souci de traiter exactement la question du fouet, mais de rédiger une série d'anecdotes suggestives, absolument fantaisistes d'ailleurs, afin de flatter les bas instincts d'une clientèle d'amateurs de descriptions érotiques. Dans leurs écrits, flagellants et flagellés ont bonne mine, belle allure, se portent à merveille et vivent dans un bonheur intense, grâce à leurs pratiques d'où ils tirent un élan de sensations délicieuses. Les horizons ouverts par le fouet deviennent tellement séduisants, sous certaines plumes, que de fort normales et honnêtes personnes s'en trouvent sérieusement tentées.

La réalité est tout autre. Comme les ouvrages de ses propagandistes, le vice ment et dupe sa clientèle. Il développe toujours de plus en plus un désir qu'il n'assouvit jamais, et augmente constamment ses exigences, jusqu'au jour où sa tyrannie demande aux systèmes nerveux et vasculaire un effort qui achève leur désorganisation : psychasthénie, faiblesse nerveuse, incapacité de toutes sortes, sénilité précoce en sont les moindres conséquences.

Notre second point de vue est de faire connaître les causes prédisposantes et déterminantes de la passion du fouet afin de permettre à chacun de les éviter chez ceux dont il a charge d'âme. L'ignorance n'est pas précisément le vice, comme on l'a dit, mais bien une condition souvent favorable à son développement, surtout en ce qui concerne la flagellation : sept sur dix de ceux que

cette passion contamine sont devenus ses esclaves automatiquement,
degré par degré. L'habitude prise
est difficilement déracinable. Pré-
venu à temps on l'eût évitée.

Je considère, bien entendu,
comme inutile et même nuisible
d'instruire des innocents ou des in-
génus des choses traitées plus loin
tant qu'une observation précise
n'aura pas permis de discerner en
eux une tendance nette à la flagellation passive ou active. Encore,
ne faudra-t-il, dans ce dernier cas,
qu'attirer l'attention du sujet sur
le fait qu'il encourt le danger de se
voir lancé sur une pente où il
regrettera de se trouver. Je m'a-
dresse dans ce livre aux éducateurs,
aux chefs de famille et aux curieux
du morbide auxquels les lignes qui
vont suivre ne peuvent que mettre
les idées au point.

Enfin, j'indique à ceux qui désirent se débarrasser d'une passion

dont ils ont compris ou ressenti les funestes effets, des moyens efficaces et rapides, chose qui n'existe, à ma connaissance, dans aucun ouvrage de flagellation.

Fouetteurs et Fouettés

C'est en observant et en analysant des cas particuliers en grand nombre que nous avons peu à peu dégagé les lois générales de la genèse des deux tendances complémentaires, l'une passive, l'autre active, qui rapprochent fouettés et fouetteurs. On peut classer en douze cas généraux différents l'ensemble des multiples observations faites tant par nous-mêmes que par d'autres spécialistes de la question. Nous allons les examiner successivement.

I. — *L'excitation par le claquement.* — Il est fréquent de surprendre à l'abord d'une chambre où le lit réunit deux époux ou amants, certains bruits bien connus indiquant que l'un des deux sujets se divertit, entre autres caresses, à tapoter la chair de l'être aimé étendu près de lui. Bien des hommes se sont livrés, sans idée spéciale, à cette distraction, par elle-même sans intérêt pour nous. Mais, pour certaines natures, elle constitue un premier pas vers la passion du fouet dans toute son ampleur. Le bruit du tapotement, en même temps que le contact répété, finit par opérer une excitation chez celui qui frappe, et même sur l'organisme ainsi traité. Si cette excitation s'assouvit le plus souvent par la voie normale, il n'en est pas moins vrai qu'elle tend à être recherchée ensuite par des claquements plus actifs dont l'effet s'augmentera de la vue du rougeoiement. De là peut naître un impérieux besoin d'administrer, sans réticence, de véritables fessées. Inversement, l'accoutumance à subir d'amicales rigueurs, les rend bientôt indispensables aux effusions amoureuses à moins qu'elle ne développe un goût spécial à les rechercher pour elles-mêmes.

L'homme sera porté bientôt, dès la demi-volupté précédant le spasme, à pimenter celui-ci en claquant plus ou moins vigoureusement les parties charnues de sa compagne, ou ce sera, s'il a généralement le rôle passif vis-à-vis de sa partenaire, si c'est elle qui le domine, lui qui sollicitera ses coups. Il se trouve parfois que la femme, intimidée par son seigneur et maître, subit ses fantaisies sans aucun acquiescement, mais sans rien objecter, par mollesse ou par crainte. L'habitude lui fera d'abord trouver l'indifférence et ensuite le besoin. Il arrive même, s'il y a prédisposition, que ce besoin la conduise à chercher un partenaire plus spécialiste des cinglades voluptueuses que celui qui les lui révéla.

II. — *La vue du spasme douloureux substituée à celle de la vibration amoureuse.* — Un des plus grands plaisirs que peut éprouver en amour un homme tendre ou passionné, est la vue des tressaillements du corps que son étreinte vient faire voluptueusement vibrer. Les femmes s'en rendent bien compte, et lorsqu'elles ont intérêt à flatter leur partenaire, elles ne manquent pas de simuler le plaisir. Je ne surprendrai personne en disant que les couples bien assortis sont l'exception et que l'union de deux êtres dépend de trop de facteurs étrangers à Vénus pour qu'on fasse grand cas de ceux de l'harmonie sexuelle. L'intérêt et l'imagination sont à peu près les deux choses dont on tienne compte. La recherche systématique et consciente de l'être correspondant n'existe que pour une élite. Aussi, la couche conjugale est-elle souvent « maussade » si la femme n'y apporte quelque diplomatie. Les messieurs sont, pour beaucoup, imbus de cette erreur que leur propre plaisir, dans les jeux d'Eros, entraîne forcément une caresse correspondante chez l'objet de leur flamme. Ils entretiennent une vanité spéciale à cet endroit et sont toujours mécontents de ne point voir partager l'enthousiasme de leurs caresses. Or, l'intuition féminine perçoit qu'il y a répulsion et danger de détachement dans le cas de frigidité, et la femme, mariée, librement unie, entretenue ou même la Vénus en cage, en arrive à jouer la comédie de la volupté, ses spasmes et ses cris, tout simplement parce qu'il faut « plaire ». La salacité a partout les mêmes hideurs!

Or, le vieillard ou même l'homme

rivé de sa virilité avant le temps nor-
al, garde le désir de s'enivrer de la
ision d'un corps qui se pâme. Ce
ésir évolue parfois vers Lesbos, mais
peut aussi s'inverser en partie : ne pouvant plus faire... plaisir, on fera de
l'effet tout de même, bien qu'un tout
autre effet, par le moyen de la cinglade.
Ainsi se recrutent certains adeptes du
fouet.

III. — *Flagellation sadique.* —
Nous entrons ici dans un autre ordre
d'idées. Dans le cas précédent, les flagellants n'ont en vue qu'un spectacle.
Ici, il s'agit d'hommes et de femmes
aimant à meurtrir, à entamer la chair au
moyen de verges, de martinets et autres
instruments dont certains sont dignes
d'une salle de torture moyenageuse.
Il y a, par exemple, de mignons petits
rouleaux, assez semblables à un auto-
masseur, mais garnis de pointes acérées,
et qui, promenés sur la peau par une
main énergique, déterminent l'effusion
du sang. Les pointes sont d'une faible
longueur et n'atteignent que les capil-
laires. Le sang coule donc en nappe :

c'est ce que recherchent les sadiques flagellants.

Il y a toujours eu des voluptueux cruels, et certains hommes ayant éprouvé de nombreuses déconvenues amoureuses le deviennent par ressentiment. Leur état d'âme est analogue à celui de l'enfant qui frappe le mur contre lequel il s'est cogné. Nous avons eu l'occasion d'étudier un de ces dévoyés dont le cas nous parut typique. Fiancé durant quatre ans à une jeune fille comptant dix printemps de moins que lui, et abandonné, au dernier moment, pour un caprice, il faillit mourir d'une fièvre cérébrale dont sa robuste constitution eut néanmoins raison. Dans son délire, il revivait la dernière scène, où la cruelle enfant lui avait signifié la reprise de son cœur. La fièvre aidant il lui semblait courir après l'infidèle et parfois l'approcher assez pour lui appliquer, à toute volée, une claque sonore sur les fesses. Cette course ne s'achevait que lorsque, ayant réussi à serrer d'assez près la poursuivie pour la cingler sans arrêt, une étrange langueur s'emparait de lui et l'amollissait au point de rendre son bras inerte. Alors le sommeil se faisait plus profond et au rêve succédait une détente morne jusqu'à ce que les mêmes hallucinations se répétassent.

Complètement rétabli, le souvenir du songe bizarre qui, si longtemps, l'avait hanté, lui devint une obsession, dont je l'ai débarrassé par la suggestion hypnotique, et qui l'avait amené à rechercher auprès de jeunes personnes, rétribuées à cet effet, des voluptés analogues à celles que lui avait procurées Morphée.

IV. — *Réminiscence d'une fessée voluptueuse.* — Voilà un cas sur lequel j'attire tout spécialement l'attention des éducateurs et éducatrices — ces dernières surtout. Les jeunes garçons de douze à quatorze ans subissent encore, dans le plus grand nombre des familles, l'ire de leurs parents d'une façon cuisante et humiliante. Or cet âge est celui où les organes sexuels achèvent de se former et où leur fonction commence à solliciter l'attention, si vive à cet âge. Au moment de la puberté, une espèce de malaise, d'irritation, d'état fébrile s'empare souvent des jeunes gens et les amène à trouver, s'ils n'ont une orientation sérieuse et une bonne hygiène, le siège de l'éréthisme dont ils commencent à ressentir les effets. Il est superflu de dire que tout ce qui peut exalter ou intensifier cet état, doit être soigneusement évité par les éducateurs. Or une mère qui fouette son fils aux approches de la puberté développe chez lui l'éréthisme auquel il est sujet. L'afflux de sang provoqué par les claques ou le martinet s'étend jusqu'aux organes sexuels et les congestionne ; le frottement de ces organes occasionné par les chocs répétés équivaut, pour peu que la verge porte sur les vêtements ou sur la peau, à une véritable masturbation. Jean-Jacques Rousseau nous dit dans ses *Confessions* qu'il a éprouvé pour la première fois la joie sexuelle durant une correction appliquée par sa préceptrice.

Les premières sensations voluptueuses sont celles qui frappent le plus. L'enfant qui aura en même temps éprouvé un premier spasme connexement à l'émotion résultant du châtiment, à la chaleur et à la sensation des cinglades, ne trouvera pas, devenu jeune homme, une parfaite satisfaction génésique à l'acte normal. Il s'y accoutumera peut-être mais certaines natures rechercheront les conditions de leur première volupté. C'est ainsi que de tout jeunes gens forment la clientèle de maisons spéciales aménagées de manière à simuler une école, une salle d'études, un cadre familial, etc...

La personnalité de la personne qui fouette joue un rôle point négligeable. Si elle est relativement jeune et bien campée — fût-elle la mère de l'enfant corrigé — elle influe sur lui par la voie psychologique. La femme trouble l'adolescent en raison de son charme physique et celui-ci peut avoir sur un jeune organisme un effet qui relègue au second plan la notion de parenté. Autrement l'inceste n'existerait pas.

V. — *Jeux inspirés par l'éveil des sens.* — Beaucoup de garçons, voire de fillettes répètent dans leurs jeux ce qu'ils ont vu faire autour d'eux, on joue « à la maîtresse d'école » ou « au papa

et à la maman ». Cela ne va pas sans le
privilège de corriger les petits ou petites
camarades à qui c'est le tour de « faire
les gosses ». Ces jeux, presque innocents,
prennent, à l'âge de la puberté, un
singulier attrait. Inutile de dire, n'est-ce
pas, qu'ils entrent pour leur part dans
la genèse de la passion du fouet. S'il
paraît grandement superflu de dire que
cette passion ne serait pas née — ou du
moins resterait exceptionnelle — si les
châtiments corporels n'étaient pas en
honneur, il y a utilité à exhorter les
intéressés à proscrire absolument la
fessée des procédés coercitifs. C'est
en Angleterre qu'on fouette le plus les
enfants et c'est dans ce pays que la
flagellation passionnelle est le plus
répandue. D'ailleurs, la valeur du fouet
en matière de pédagogie est contestable.
Ce moyen de coercition est proscrit
dans les familles averties et sérieuses.
L'expérience montre en effet que le
châtiment corporel rend l'enfant sournois
et développe chez lui cette disposition
d'esprit : pas vu, pas pris, pas de mal.
Par influence morale, en faisant prendre

aux enfants, dans la mesure de leur compréhension, le sens de leur responsabilité personnelle, du tort qu'ils se causent en agissant mal, on obtient leur développement causal et on leur forme un caractère. Il y a évidemment des cas réfractaires, à cette méthode (comme d'ailleurs aux effets de toutes les fessées du monde). A ceux-là, la suggestion hypnotique, telle que l'applique le savant Dr Berillon, est indiquée. Ajoutons que l'exemple de la rectitude influe énormément sur les enfants. Ils ont d'autant plus de considération pour les paroles de leurs éducateurs que ceux-ci leur paraissent plus parfaits. Une famille d'où sont bannies les discussions bruyantes, les propos légers, les excès de toute sorte, la colère et l'alcool, rencontre rarement une difficulté à diriger sa progéniture. Ou m'objectera les fils « d'excellentes familles » qui ont failli gravement au devoir et à l'honneur. Je répondrais que si, dès ses premiers mois, l'enfant est observé attentivement et si l'on s'attache à réprimer ses travers, à entraver le développement des mauvais instincts et défauts, on n'aura jamais de déconvenue.

Mais la vigilance doit être constante. On ne doit jamais manifester à l'enfant la moindre complaisance pour un travers, de quelque drôlerie qu'il s'accompagne, l'accoutumer à l'ordre, à la propreté, au travail dès que l'âge le permet, lui inspirer le mépris des caprices et des impulsions irraisonnées et le goût de l'harmonie dans la pensée et les actions.

L'humanité, en tout ce qui lui survient de fâcheux, doit accuser seulement son ignorance et son laisser-aller. Si vous trouvez plus simple de frapper que d'agir par une méthodique persuasion, renoncez à une partie notable de la considération de vos enfants; si vous manifestez de la complaisance pour vos propres désordres si vous vous montrez impulsif, partisan du moindre effort, etc., vous n'avez évidemment aucun titre à être écouté de vos pupilles, lorsque vous faites des remontrances : alors frappez. Vous aurez ce point commun avec la brute qui a tort et dont la seule ressource est d'assommer l'interlocuteur. Si votre enfant a une bonne nature, tant mieux pour vous; s'il est quelconque, il restera ainsi; mais s'il a un naturel mauvais vous en favorisez le développement, en préparant sa récolte pour le jour où il sera, physiquement, en âge de regimber.

Dans tous les cas, vous déposez en lui le germe d'une funeste passion.

VI. — *Une forme de mépris du sexe opposé.* — Une sorte d'inversion mentale détourne du sexe opposé un certain nombre de femmes et d'hommes. Les lesbiennes et les pédérastes sont souvent exclusifs dans leurs mœurs par répugnance pour l'autre sexe. Cette répulsion hétéro-sexuelle va parfois jusqu'au mépris et l'expression de ce mépris par des coups constitue une des formes de la flagellation. On voit, en effet, des hommes chez lesquels les pratiques flagellatoires sont inspirées par un besoin de témoigner à la femme, par des violences, le dégoût qu'elle lui inspire. Plus fréquemment encore, s'observe le cas de la femme aimant à injurier et à humilier, par des corrections enfantines, des hommes et surtout des jeunes gens.

VII. — *Lesbiennes usant du fouet.* — Ainsi que nous avons vu, au début de ce chapitre, le fouet servir d'excitant entre époux ou amants, il est utilisé par l'homosexualité féminine pour le même but.

Il est avéré que, dans chaque couple féminin homosexuel, l'une domine l'autre. Suivant une expression usitée chez les... amatrices, l'une « fait l'homme ».

N'entendez pas seulement par là qu'à l'heure des effusions, l'une mimera l'amour masculin, mais bien qu'en général l'une commande, dirige, influence l'autre et... la corrige, le cas échéant. Le genre de correction en honneur chez ces dames est évidemment le fouet. L'excitation qu'il opère est souvent le trait d'union entre l'ire et le pardon du « petit homme ».

VIII. — *Les amitiés de pensions.* — Si les dortoirs des collèges et pensionnats de tous genres pouvaient parler, ils révéleraient d'étranges modes d'érotisme naissant. Chez les garçons comme chez les filles, s'élaborent par affinités natu-

relles des amitiés, les unes très inno-
centes, les autres (qui se ressemble
s'assemble) facilitant singulièrement, par
la collaboration de deux jeunes intelli-
gences, l'éveil de l'instinct génésique.

La précocité du besoin sexuel, — encore que toujours anormale et préjudi-
ciable à plus d'un titre — résulte le plus
souvent de causes héréditaires. Elle est
quelquefois déterminée par l'exemple,
par l'ascendant d'un plus âgé — chose
fréquente au pensionnat.

Sous prétexte de jeux, jeunes gens et
aussi petites pensionnaires imiteront ce
qu'ils ont vu faire, satisferont leur curiosité de « voir » comment est fait le petit
camarade — ou l' « amie ». Comme toujours, dans les amitiés de pension, on
trouve un caractère qui domine et l'autre
qui est dominé. Les dominateurs, garçons ou fillettes, goûteront un plaisir
morbide, point aisément oubliable, à
fouetter. Quant aux dominés, l'émotion,
le plaisir vicieux d'être touchés aux
abords du sexe et sur une partie cachée,
l'humiliation, sont autant de facteurs
qui les prédisposent pour l'avenir au

masochisme et à la passion du fouet.

IX. — *Où peut mener l'habitude de la coercition pédagogique.* — Les instituteurs et institutrices, les pions, et généralement ceux qui ont à surveiller une classe de jeunes enfants, n'usent pas toujours de pensums pour réprimer les écarts de leurs élèves. Il en est qui usent de châtiments corporels, malgré toutes les circulaires ministérielles. En l'an de grâce 1899, nous avons, pour notre part, encaissé une moyenne de quatre à cinq gifles par jour dans une école libre payante, située dans le quatorzième arrondissement de Paris. Et une trentaine de petits condisciples participaient journellement à la distribution. Nous ne sommes pas partisans, nous l'avons dit, de ce système, mais tant que, comme à l'école en question, on ne frappe pas plus bas que les joues, il n'y a que demi-mal. Et nous savons, par des amis, que dans presque tous les internats de garçons ou de filles, on fouette.

Imaginez-vous un pion, ou une maîtresse de classe, ayant une trentaine d'élèves à surveiller toute la journée et distribuant chaque jour quatre ou cinq fessées. Ne vous paraît-il pas que cet entraînement crée une habitude et tend même à l'exagérer. Du moment où point la *tendance* à fouetter, pour le plaisir de fouetter, on a le vice. L'expérience démontre qu'il se développe souvent chez des membres de l'enseignement, précisément parce qu'ils ont commencé par user, sans aucune idée vicieuse, de la correction par le fouet.

Une mienne amie me contait dernièrement qu'à la pension, très haut cotée, où elle fut élevée, elle se trouva sous la surveillance d'une femme qui, bien que les châtiments corporels fussent interdits dans la maison, réussissait, par intimidation, à fouetter deux ou trois petites filles durant la récréation de 10 heures du matin et celle de 4 heures du soir. Elle s'adressait à l'une, à propos d'une peccadille quelconque, et lui enjoignait à voix basse de venir la trouver pendant la récréation. Là, dans la classe déserte, elle fouettait à son aise et menaçait d'une plus vigoureuse correction celle qui parlerait.

Le système dura longtemps. Un jour une nouvello fit son apparition dans la classe. C'était Miss C..., fille d'un célèbre diplomate américain. Peu après elle fut fouettée par la surveillante. Le lendemain, la dite surveillante était giflée par la mère et renvoyée par la directrice : la petite Américaine avait parlé.

Pour manière d'excuse, la surveillante avoua qu'ayant, durant vingt ans, pratiqué le fouet sur ses élèves, elle éprouvait un incessant besoin de fouetter. Veuve de très bonne heure et tenue par son emploi, quasi claustral, en dehors des occasions de détente sexuelle, elle en était arrivée peu à peu à éprouver de la volupté en administrant des corrections.

Plusieurs fois, j'ai reçu de flagellants masculins cette confidence que leur passion était née en fessant leurs élèves.

On voit donc que le danger de ce genre de coercition est double. Il menace et les élèves, en les prédisposant à rechercher l'émotion et l'excitation des cinglades, et les maîtres ou maîtresses, en leur créant un besoin morbide, pouvant devenir un véritable vice.

X. — *Parents troublés par le charme
équivoque des jeunes croupes.* —
Qu'un père puisse trouver une satisfaction morbide à fouetter sa fillette, cela
ne surprendra personne, non plus qu'à
corriger son fils, une mère puisse trouver
une certaine émotion d'ordre érotique.
Quelquefois même cette disposition n'est
pas spéciale de la part du père ou de la
mère aux fillettes ou aux garçonnets.

Les exemples et les confidences m'ont
appris qu'il était extraordinairement rare
qu'un père ou une mère n'arrive pas,
dans l'application journalière du fouet,
à une plus ou moins grande excitation.

Je m'empresse d'ajouter que, le plus
souvent, les intéressés ne se rendent
pas exactement compte de l'espèce de
plaisir qu'ils éprouvent. Il en est qui,
ingénument, vous font part de leurs
impressions.

Parmi les différents cas qu'il m'a été
donné d'examiner, le plus typique est
celui d'une femme de nature très chaste,
devenue mère de sept enfants sans avoir
jamais eu aucune sensation voluptueuse
dans le coït. Cette femme, excellente à

tous points de vue et très bonne mère, manquait de psychologie. Elle usa de la fessée envers ses enfants, comme on en avait usé envers elle quand elle était petite. Or, elle arriva à y trouver un plaisir bien érotique que sa physionomie reflétait fidèlement, et qu'elle avouait sans aucune arrière-pensée.

D'autre part, nous avons personnellement connu un très brave homme, ne présentant aucun signe d'anomalies, et qui, à la suite d'un petit incident de famille, fouetta sa fillette, âgée de 11 ans, s'attardant au dégrafage avec une complaisance visible et procédant à la correction elle-même avec des gestes de dilettante.

La parfaite immoralité du fouet, dans la famille, apparaît nettement devant des exemples semblables. Et nous avons vu bien pire. Pour ne citer qu'un fait, nous reçûmes un jour la visite d'une femme désireuse de mettre sa petite fille hors de l'atteinte de son mari qui, s'étant excité plus que de coutume à la fouetter, avait tenté de la violer, chose qui aurait été perpétrée sans l'arrivée de la mère. Cette dernière désirait obtenir de nous une influence sur le père dénaturé. En de semblables cas, il faudrait d'abord que le coupable ait le désir de guérir de son vice. Aussi engageâmes-nous la consultante à confier l'enfant à sa grand'mère et à intenter une action en divorce aussitôt qu'elle aurait la preuve que son mari ne pouvait s'améliorer.

Tout ceci serait évité si l'on usait dans l'éducation de méthodes ne comportant aucun châtiment corporel.

XI. — *Masochisme et volupté douloureuse.* — Il faut entendre par masochisme, le fait de trouver une volupté dans l'humiliation. Etre rudoyés, injuriés, contraints à des besognes domestiques humiliantes, à une obéissance passive, voilà ce que recherchent les masochistes. La flagellation vient souvent compléter cette passion en y apportant une nouvelle excitation nerveuse : la cinglade, une émotion particulière et une action qui, nous l'avons déjà vu, provoque l'excitation sexuelle.

La genèse de cette forme de la flagellation se trouve parfois dans l'entraînement par d'autres vicieux, mais plus souvent dans la recherche d'une sensation déjà éprouvée, où l'humiliation et la douleur accompagnaient la volupté.

La base du développement de cette passion est toujours une exceptionnelle sensibilité nerveuse, une anomalie mentale, une émotivité très grande.

XII. — *Un spectacle courant devenu un vice*. — En dehors de tous ceux qui jouent un rôle actif ou passif dans la flagellation, il existe des amateurs du spectacle de la fessée. Certains d'entre eux cherchent l'occasion de voir de jeunes formes. D'autres, tout comme les flagellants actifs, aiment la vue du rougeoiement et l'audition du bruit des claques. Ces demi-passionnés se rencontrent dans les squares où ils sont à l'affût de leur distraction préférée. Ils fréquentent volontiers une famille dont ils sont comptés parmi les meilleurs amis et où l'on apprécie leur attitude si correcte devant les enfants. L'un de ceux-ci vient-il à déchaîner la mauvaise humeur de l'un de ceux qui les commirent, l'ami de la famille n'en perd pas une bouchée : il n'est venu que pour cela, pour voir fouetter.

Il est entendu que bien d'autres cas existent : ils se compliquent à l'infini de nuances diverses, mais aucun d'eux n'échappe entièrement à la classification que je viens de donner. Certains flagellants ou flagellés réunissent deux ou trois des caractéristiques indiquées plus haut.

L'un des douze cas peut naître d'un autre. Ainsi supposons celui de jeunes filles dont la vie de pension, lors de l'éveil des sens, a accoutumé à la voluptueuse domination d'une petite amie. Une fois mariées on conçoit que les pratiques précédentes leur manqueront et que le mari pourra être invité à remplacer la confidente, à moins qu'il n'y soit amené par ruse : le huitième cas aura donc amené le premier.

Le plaisir des flagellants et flagellantes se conçoit plus aisément que celui de leurs... partenaires. Il faut observer, à ce sujet, que, de part et d'autre, il y a plutôt *satisfaction d'une habitude* que joie, à proprement parler. L'acte de fouetter ou la fessée elle-même peuvent

2

déterminer la jouissance sexuelle, mais cela est exceptionnel. Il faut, pour y parvenir un entraînement plus ou moins long et un état nerveux tout à fait anormal. Cet état signifie, d'ailleurs, un détraquement grave pour celui qui l'a réalisé.

En dehors des cas où fouetteurs et fouettés trouvent directement le spasme par la flagellation, le plus grand nombre des amateurs y cherchent un degré d'excitation physique, de caresse cérébrale et d'émotion morbide, que l'amour ne leur donne plus... à lui tout seul.

Il y a aussi les orgueilleux et les tortionnaires des deux sexes qui ont leur principal plaisir à tenir sous la peur, l'angoisse et la honte ceux qui leurs sont subordonnés. Ceux-là se plaisent à attacher leurs... sujets, à leur annoncer en détail ce qui va leur échoir dans un moment, à découvrir leurs séants, à les tenir durant un certain temps sous l'appréhension avant de commencer à frapper, tout en leur adressant des paroles humiliantes relativement à leurs posi-ions ridicules, aux parties de leurs corps exposées à la vue, à la correction enfan-

tine qu'ils vont subir, etc... Par un raffi-
nement, certains disciples de Sacher-
Masoch obligent ceux qu'ils vont frapper
à répondre à des questions ayant pour
but de leur faire énoncer toutes sortes
de déclarations honteuses, de les amener
à dire : je vais recevoir le fouet; je vais
être corrigé sévèrement; etc...

Il faut dire que de telles pratiques exer-
cées sur des sujets jeunes, aux environs
de la puberté ou après, en disposent un
certain nombre à rechercher l'émotion,
le sentiment de pudeur froissée, l'angoisse spéciale et l'excitation particulière
que ces pratiques leur ont valus.

Tout le monde sait qu'il existe des
femmes (et même des invertis) aimant
à être rudoyés, voire brutalisés, et qui
trouveraient bien fade un amour dans
lequel le piment des coups n'intervien-
drait pas. Dans cet ordre d'idées, la
flagellation ne pouvait manquer de faire
des adeptes passives — et passifs — et
nous devons dire que parmi les fouettés
des deux sexes, un très grand nombre
ne cherchent aucun autre plaisir que
d'être malmenés et humiliés.

Où fouette-t-on?

— Puisque « qui se ressemble s'assemble », il doit y avoir des centres où les passionnés du fouet se réunissent et se livrent à leurs pratiques. Il doit aussi y avoir des appeaux (de zébie), tendus par les flagellants à des victimes occasionnelles?

— Certainement, et nous allons dans ce nouveau chapitre étudier la question en détail. Tout d'abord nous allons en régler une que le précédent chapitre n'a pas laissé prévoir : celle des salariés de la flagellation.

1. — *Les maisons spéciales et les isolées*. — Comme bien vous le pensez, il y a des passionnés qui n'ont pas toujours sous la main le ou la partenaire nécessaire à la satisfaction de leur passion, active ou passive. Supposons le cas, par exemple, du monsieur qui, en s'amusant à tapoter les charmes de sa légitime, en est arrivé à y mettre une vigueur grandissante que son épouse

n'apprécie plus à un certain degré d'énergie, et qui, ce faisant, a développé en lui un besoin de claquer, sans freiner son ardeur, une croupe féminine. Ce monsieur, s'il a du temps... et de l'argent à perdre, s'il n'est pas distrait de ses petites réactions sexuelles par des idées plus substantielles, aura tout naturellement le désir de trouver quelqu'un qui, moyennant finances, offre à sa main vigoureuse la surface recherchée.

Prenons maintenant l'exemple d'un petit jeune homme dont les premières sensations voluptueuses aient eu lieu pendant que Madame sa mère, l'ayant courbé sous un bras, employait la vigueur de l'autre à châtier congrument quelque peccadille. Le p'tit jeune homme troublé, a vu venir avec moins de terreur — mais plus d'émotion — les corrections suivantes où la même sensation d'indéfinissable plaisir s'est renouvelée. Quelques mois après, la puberté est venue. Ses petits amis plus âgés, car les parents (fi! l'horreur) ne se chargent pas de parler de ça, l'ont instruit sur les choses du sexe. Il a « connu » bibliquement le baiser de la femme... et il n'y a pas, retrouvé ce quelque chose de si bizarrement attrayant qu'une fessée lui procurait.

Ce jeune homme, pour peu qu'il y pense, trouvera infailliblement qu'il a un moyen de se satisfaire, c'est de payer quelqu'un à cet effet.

Or, les professionnelles de la galanterie — française et étrangère — expertes en matière de turpitudes humaines, ont depuis longtemps érigé en système le moyen de tirer parti du désir de nos deux exemples précédents, et de bien d'autres du même genre dont l'énumération serait trop longue

Dans tous les lupanars, dans les maisons de rendez-vous surtout, se trouve quelque femme dont la sensibilité cutanée est moins vive que celle du commun de mortels[1] et qui, pour une somme suffisamment rémunératrice, subira passivement une fessée carabinée

---

1. Dans l'hystérie, il est fréquent de constater des perturbations de la sensibilité cutanée. Il y a anesthésie partielle ou même totale dans certains cas. Voir dans la même collection l'Hystérie.

— voire même une séance de martinet, de verges et autres outils servant au châtiment des uns et au plaisir des autres.

Il va sans dire qu'on trouvera dans les mêmes maisons des fouetteuses habiles. Pour un client quelconque, n'importe qui fait l'affaire, mais les vieux récidivistes savent qu'il y a une « manière de taper incomparablement supérieure en ceci qu'elle meurtrit moins et excite davantage ».

Les lupanars ne sont d'ailleurs pas les vrais phalanstères de la flagellation : il y a des maisons spéciales où l'organisation est conçue en vue de satisfaire tous les caprices des fouetteurs et fouettés. Les douze cas définis au chapitre précédent sont bien connus des spécialistes et prévus dans leur organisation. Il y a des pièces meublées en classe d'écolières, d'autres en salle à manger familiale, d'autres en chambre à coucher d'enfant, en nursery, en chambre de jeune fille, etc., etc. Les amateurs, après avoir exposé à la « direction » ce qu'ils souhaitent, sont traités comme ils le veulent et où ils le veulent. Certaines maisons ont même sous la main — à leur risques et périls judiciaires — des enfants des deux sexes pour servir aux jeux des flagellants.

Ces Maisons sont naturellement chères, surtout pour les fouetteurs auxquels on fait ressortir le rôle pénible de leurs victimes, les éventualités scabreuses où ils exposent la maison, etc., etc.

Malgré tout, aucune Maison de flagellation n'a pu jusqu'à présent, que je sache, à Paris, en vivre exclusivement, car la clientèle n'est pas assez nombreuse pour couvrir les frais — relativement très élevés — et laisser un bénéfice rémunérateur.

Généralement, la maison de flagellation est connexe à autre chose : pension de famille, cours de leçons (l'ameublement sert ainsi à deux usages), massage, ou plus simplement à un trafic de toxiques ou à l'exploitation d'un autre vice plus répandu : la pédérastie, par exemple.

Outre les maisons spéciales, il y a les

isolés, qui pratiquent la flagellation active ou passive à leur domicile : des dames, masseuses, professeurs, préceptrices, qui ne demandent pas mieux que d'augmenter leurs ressources en faisant payer la vigueur de leur bras — voire le stoïcisme de leur croupe.

Grandes Maisons et petites chapelles se font d'ailleurs connaître du public par des annonces que les initiés déchiffrent sans nulle peine — même légère.

Voici quelques spécimens de ces annonces :

> Massage anglais
> Madame Martine
> rue. . . . . . .

Ici le mot « anglais » est une clé. Il rappelle aux amateurs l'éducation anglaise « whipping-system ». De plus, le pseudonyme « Martine » est un diminutif voulu de « martinet ».

> On demande préceptrice
> sévère pour enfant
> indocile. . . . .

L'enfant indocile se rajeunit dans cette annonce. Il peut avoir de 18 à 60 ans. Quant à la préceptrice, elle peut être illettrée. Dans d'autres cas on verra au contraire la demande d'*un précepteur* pour *une* enfant indocile, mais beaucoup plus rarement : ce sera naturellement une personne désireuse d'obtenir de l'argent en échange de sa passivité sous les cinglades d'un quelconque amateur de ce sport érotique.

> Jeune femme très douce
> demande mariage avec
> Monsieur autoritaire.

Celle-ci est animée des mêmes intentions que la précédente. Voici maintenant l'inverse :

> Dame forte demande mariage.

Les amateurs d'obésité sont plutôt rares, aussi s'est-on demandé, en voyant cette annonce, ce qu'elle pouvait bien signifier. C'est tout simplement de force musculaire qu'il s'agit. Si la dame en question a une dizaine de clients à taper par jour, il lui faut évidemment une certaine énergie.

Leçon d'anglais
Miss Marse.

Le mot « anglais », nous l'avons vu, indique (dans les annonces de journaux humoristiques ou légers) qu'il doit s'agir de flagellation. Avec un nom aussi belliqueux que Miss Marse on peut être certain qu'il s'agit d'une flagellante active qui n'accepterait pas le rôle de fouettée. Il est vrai que ces dames ont généralement sous la main quelque douce amie, toute disposée à servir de sujet, dans le cas où le client veut « voir » de *la flagellation* sans y participer ou bien administrer lui-même le traitement en question.

Soins d'hygiène
pour dame.
Hygiène anglaise.

« Voilà pour les dames désireuses de se faire fouetter. Les soins d'hygiène, tout court s'adressent plutôt à celles qui préfèrent quelque chose de plus doux qu'une cinglade »

Dames distinguées autoritaires donnent toutes leçons.

Cette généralisation signifie qu'on est en présence d'une maison organisée assez complètement pour satisfaire à tous les besoins d'une clientèle de flagellants, flagellantes et flagellés des deux sexes.

Toutes ces annonces ont été relevées par moi-même dans différents journaux, notamment dans une petite feuille supplémentaire d'un grand journal quotidien plein de clarté (langage sibyllin que les initiés comprendront). La dite petite feuille dont la guerre a suspendu l'activité était l'organe tri-hebdomadaire des amateurs d'érotisme.

Pour enquête, nous avons envoyé à tous les signataires des annonces, une des deux lettres ci-dessous, signée suivant le cas d'un pseudonyme masculin ou féminin :

1re lettre : J'ai remarqué dans *Le Complément* votre insertion et je viens vous demander si le cas suivant vous paraît ressortir des méthodes dont vous usez. Il s'agit d'un jeune homme apathique, indocile, ayant besoin d'une préceptrice n'hésitant pas, pour le faire travailler, à lui appliquer des corrections humiliantes et cuisantes. Une bonne rétribution serait assurée. Veuillez répondre à

Poste restante, Bureau 113, Paris.

2me lettre : Si votre caractère est suffisamment doux et soumis pour qu'à l'occasion vous ne vous refusiez pas à subir la punition des fautes que vous pourriez commettre, nous pourrons très prochainement entrer en relations. Je dois vous dire que je n'hésiterai jamais à vous appliquer le châtiment enfantin du fouet lorsque vous l'aurez mérité. Il n'y a là de ma part aucune méchanceté. Je suis au contraire tout disposé à contribuer, dans une large mesure, au bien-être de votre existence, etc., etc.

A ces lettres, j'ai *toujours* reçu réponse (car, le lecteur l'a vu, je n'ai pas négligé de laisser comprendre que le pactole était à l'horizon, ce qui importait surtout). Certaines réponses, ornées de fautes, et rédigées d'une manière à faire apprécier l'espéranto, trahissaient les professionnelles d'occasion, tandis que d'autres très soignées laissaient supposer une intelligence développée, une instruction au-dessus de la moyenne et un esprit raffiné. Ainsi, cet échantillon dont je possède l'original :

Monsieur,

Si vous voulez bien venir me voir, je saurais vous montrer l'excellence des méthodes coercitives dont j'ai fait depuis des années une étude spéciale et que j'applique depuis longtemps à la satisfaction pleine et entière de mes élèves masculins et féminins.

Ne doutez pas, Monsieur, qu'une grande joie est révélée à ceux qui savent, pour leur bien, se plier à une direction sévère, toujours prête à punir par l'humiliation d'une correction exemplaire, administrée devant les autres élèves, les moindres fautes d'inattention et de paresse.

Je reçois chaque jour de 3 à 6 et suis à votre disposition.

Veuillez agréer, etc., etc.

Comme on le voit, cette lettre de toute transparence, ne comporte ni le

mot flagellation, ni rien d'érotique. Sa signification est limpide pour celui auquel
elle est envoyée, en réponse à une demande qu'il a faite de sa propre ini-
tiative, mais, entre les mains d'une personne non avertie, elle passera souvent
sans déceler sa véritable signification.

D'autres praticiennes de la flagellation
payée agissent dans leur correspondance
avec une circonspection beaucoup plus
grande encore : elles envoient à ceux et
celles qui leur écrivent, et dans une
même enveloppe : 1° Leur carte de visite, nom et adresse; 2° Un imprimé,
sorte de programme d'une conférence sur
les différents moyens de coercition em-
ployés dans les divers pays, avec désigna-
tion d'iceux, la manière dont on s'en
sert, etc.

Quelquefois une ligne ou deux répon-
dent, de la main de la directrice, à
votre lettre, mais ces mots manuscrits
sont combinés pour n'offrir aucune
prise à la critique et ne sont pas signés.

Sur un de ces prospectus, que je reçus
jadis d'une maison sise rue N.-D.-de-
Lorette (dans les premiers numéros im-

pairs), ces mots étaient tracés : « La directrice est très experte, très habile dans le traitement que vous désirez. »

Au deuxième type de lettre, s'adressant comme on l'a vu à une passive de la flagellation, voici une des missives qui me fut envoyée en retour :

Votre lettre me plaît car j'apprécie le caractère à la fois énergique et généreux dont elle fait preuve. Je suis très douce mais très apathique et bien en chair sans être grosse. C'est vous dire que je suis tout à fait l'élève qu'il faut à un très sévère professeur.

J'espère donc que nous ferons connaissance prochainement. Veuillez m'aviser la veille par un petit mot afin, que je me rende libre pour le moment de votre visite.

Et c'est, à peu de chose près, toujours semblable. Les prostituées de la flagellation ont des mentalités et des styles analogues. Les plus instruites se distinguent surtout par plus de correction dans l'orthographe et en ce qu'elles n'usent pas des truismes courants.

J'ai eu l'occasion de causer à plusieurs de ces femmes, flagellantes ou flagellées par « business ». Parmi les premières, j'en ai trouvé qui avaient adopté ce genre de métier *pour ne pas se prostituer*. La flagellante ne prête pas son corps, elle n'use que de ses mains. D'autres avaient commencé par donner réellement des leçons d'anglais. Cette profession peu rémunératrice leur avait valu incidemment la visite d'un monsieur abusé sur leurs intentions par leur publicité pour l'anglais[1]. Le monsieur les avait amenées à savoir que certaines fausses maîtresses d'anglais gagnaient de l'argent en administrant le fouet à des passionnés. Cette idée avait été reprise quelque jour où les fonds étaient en baisse et il y eût une flagellante de plus. Une autre était mariée à un amateur de cinglades et l'avait surpris avec une femme qui

1. Rappelons que les annonces pour leçons d'anglais doivent être examinées avec suspicion si elles sont insérées dans des journaux légers, humoristiques ou surtout pornographiques.

Il n'en est pas de même bien entendu de la publicité des journaux sérieux où les vrais professeurs se font insérer de préférence.

satisfaisait ses goûts. La perspective de
gagner de l'argent sans beaucoup de
mal, en fouettant des hommes, l'avait
séduite et elle n'avait pas eu de mal
à gagner son mari à cette combinaison.
De toutes celles qu'il m'a été donné de
questionner, pas une ne m'a dit trouver
quelque plaisir en exerçant sa... profession. L'argent gâte tout !

Bien plus bizarre que celle des précédentes m'a semblé la mentalité des
femmes qu'on fouette moyennant finances. Je crois pouvoir dire que toutes
sont détraquées. Il faut une disposition
nerveuse anormale pour subir un régime de coups toujours sur les mêmes
parties du corps, lesquelles sont cinglées,
claquées, mordues, piquées journellement. L'habitude y est pour quelque
chose ; la peau se durcit comme cuir
tanné par ce traitement, mais il n'en
exige pas moins une perturbation notable de la sensibilité.

Comment une femme peut-elle en
arriver là ? Souvent la misère matérielle
et la pauvreté de l'intellect actif donnent
toute l'explication. Supposez avec ça un

type physique, un peu charnu et un visage d'expression douce. La rencontre fortuite d'un praticien du fouet, une proposition rémunératrice auront décidé alors, en un jour de dèche, une pauvre fille à souffrir pour permettre à un débauché de chercher des émotions vicieuses. La récidive aura créé l'habitude, puis la profession définitive. Mais où l'on voit quel détraquement est manifestement nécessaire, c'est dans la possibilité de subir la première séance. Pour une personne saine, la douleur ne serait pas tenable. Certains flagellants ne sont satisfaits qu'après avoir frappé à coups redoublés avec un martinet jusqu'à effusion du sang. Or, chacun sait l'effet stimulant d'une cinglade, et on imagine quelle révolte manifesterait sous un pareil traitement la chair d'une personne saine.

J'ai vu, parmi les flagellées, une créature paraissant normale et présentant des joues de parfaite insensibilité. Les seins, si sensibles chez la femme, pouvaient être vigoureusement pincés sans aucune sensation. Vous eussiez dit du caoutchouc. La face postérieure des cuisses et la partie inférieure des fesses étaient également insensibles. Le cuir chevelu aussi; on pouvait tirer les cheveux à poignée sans incommoder le moins du monde le sujet. Les poignets présentaient deux points hypnogènes[1] bien déterminés. Au point de vue psychologique, cette femme présentait à un degré aigu le goût de la dépravation. Elle se complaisait à tout ce qui, en marge de l'amour, est le lot habituel des prostituées, sans toutefois leur plaire beaucoup, et en leur répugnant souvent. Quant à la flagellation, elle aimait à la subir à condition que ce fût d'une femme. Elle n'acceptait d'homme que pour l'argent.

J'ai vu aussi une femme tombée dans la nécessité de gagner sa vie, après

1. Par zone hypnogène il faut entendre une place dont la surface varie d'un point à quelques centimètres carrés et telle qu'en pressant avec le doigt on plonge le sujet dans le sommeil hypnotique. — Pour l'Hypnotisme et ses secrets, demander catalogue spécial de la Librairie des Publications de Psychologie expérimentale, 38, rue du Dragon à Paris (VIe).

avoir vécu depuis l'enfance dans la
société la plus élevée. D'une nature
ardente, elle avait commencé en pension
une vie sexuelle déjà habituée à tous les
artifices du vice lors de son mariage. Les
joies conjugales lui semblant fades, elle
avait cherché autre part des compensa-
tions et sa recherche l'ayant conduite
dans une maison spéciale, elle avait
voulu y jouer volontairement et sans
profit, en payant pour cela, au contraire,
le rôle de celles qui y trouvaient des ressources. Surprise par son mari, répudiée
de toute sa famille, elle avait alors fait
métier de ses... distractions habituelles.

D'une manière générale, et pour en
finir avec les flagellées de profession, je
dirai que chacune présente un cas bien
particulier, à la base duquel on trouve
toujours une singularité physiologique.

II. — *Les amateurs entre eux.* —
Dans la masse populaire, la flagellation
est peu répandue. On a parlé du fouet
chez les apaches, mais je crois que c'est
une fantaisie de l'imagination. J'ai vécu
dix ans dans Montparnasse, dont je
connais les dessous depuis la gare jus-

qu'aux fortifications. J'ai connu les plus notoires célébrités du monde spécial qui s'agite de 10 heures du soir à 4 heures du matin. A part l'alcoolisme, les messieurs auxquels je fais allusion se moquent réellement du tiers comme du quart. Leur moitié seule les intéresse, à l'heure où elle apporte sa contribution journalière au ménage — contribution directe s'il en est.

C'est parmi les penseurs et les dilettantes des deux sexes que se trouvent les adeptes du fouet. Les désœuvrés riches, même s'ils ne sont ni penseurs, ni dilettantes, fournissent aussi leur contingent. Nous parlons ici pour notre beau pays de France et plus spécialement pour Paris. En Italie, dans les pays balkaniques, en Russie, en Angleterre, la passion du fouet est dix fois plus répandue. Il va sans dire qu'en Allemagne...

Généralement, les amateurs commencent par un couple où l'un complète l'autre. Si la femme aime la cinglade, elle est avec un monsieur qui trouve plaisir à la lui donner — et inversement. Il se trouve aussi des couples de femmes dans les mêmes conditions. Comme on fréquente toujours des gens analogues à soi, de petits cénacles se forment entre plusieurs couples, des rendez-vous s'échangent, des amants ou des maîtresses s'échangent aussi pour la circonstance.

A Montmartre, une flagellante cherchera pour s'assouvir quelque habituée des établissements de nuit ou des bals, curieuse de goûter à quelque chose de nouveau. Les flagellants se subordonnent généralement une femme qu'ils tiennent moitié par la peur, moitié par la peau.

Les anciennes petites camarades de pension, élevées avec les sensations et les émotions de la fessée, se retrouvent souvent dans la vie pour continuer les amicales corrections avec lesquelles elles satisfaisaient jadis les appels encore imprécis de leurs jeunes sens.

On a vu des flagellants riches, des deux sexes, monter des pensions et maisons d'éducation pour y satisfaire leur passion et avoir à leur disposition un grand nombre de sujets divers. A l'exemple des communautés religieuses, il s'est

organisé, sous l'inspiration du fouet, de
véritables sectes de femmes, vivant en
commun sous l'autorité de l'une d'elles.
Ces personnes disaient vouloir se retran-
cher du monde pour vivre dans le
silence et la retraite. Il y a quelques
années, une affaire sensationnelle a été
ainsi dévoilée au sujet d'une jeune fille,
appartenant à une famille d'un nom
célèbre, qui, sous l'influence d'une certaine dame Le Fer, s'était retirée dans
une maison où le masochisme et la
flagellation accompagnaient presque tous
les actes de la vie.

Pour recruter des partenaires, il est
des hommes ou même des femmes qui
usent de leur autorité sur des subalternes.
On prend comme bonne une fille un peu
bébête et toute jeune, que l'on « corrige »
sans qu'elle s'étonne trop. Avec deux ou
trois sujets du même genre, un peu
minus habens, on peut même développer le goût de la flagellation en
fouettant l'un devant les autres. Ce
spectacle est la plus puissante suggestion
qui soit pour prédisposer quelqu'un à la
passion du fouet active ou passive. Un

homme du monde m'a dit avoir ressenti le désir de fouetter pour s'être trouvé témoin, à l'improviste, d'une correction appliquée par une amie à sa fille déjà grande et développée. De l'ensemble de mes observations, j'ai recueilli la certitude que la vue d'une scène de flagellation est la cause déterminante de bien des cas de pratique personnelle.

Coups d'œil documentaires

Le « *Clic-Clac-Club.* » — Cet établissement existait à Paris. On avait choisi pour l'organiser un appartement au rez-de-chaussée d'un corps de bâtiment situé au fond d'une cour, non loin du faubourg Montmartre. La publicité était faite de deux manières. D'abord par des « petites femmes' » dans les promenoirs et restaurants de nuit, ensuite par l'annonce de leçons (progrès rapides même pour élèves indociles). Si l'on répond à l'annonce, le courrier suivant vous apporte une carte de visite :

Madame Vulcain
7, rue.....
Paris (9*).

accompagnée d'un délicieux prospectus tiré en bistre sur papier couché. Le texte de la rédaction, duquel émanait un parfum d'exotisme suraigü, n'était autre que le programme d'une conférence à laquelle vous étiez convié. A un coin de la feuille se trouvait l'image d'une belle jeune femme posant harpocratiquement un doigt sur ses lèvres. (Taisez-vous, méfiez-vous).

D'un index hésitant, je presse le bouton de sonnette. Une bonne dont les traits s'estompent dans le clair-obscur de l'entrée m'introduit. Je lui montre naturellement le prospectus-invitation, qu'elle garde en allant « chercher Madame ».

Pour patienter, en attendant cette dernière, j'examine le salon. Assez vaste, meublé comme n'importe quel salon de bourgeois riche, il est, de plus, capitonné soigneusement. Les doubles rideaux, les portières et le tapis sont extrêmement épais. Un lustre électrique brutal donne une lumière crue. Aux murs quelques Boily, un Debucourt. Deux copies assez bonnes de Greuze. Où diable a-t-on déniché cette statue d'académie à genoux les mains jointes, qui orne une sellette de coin? Mon érudition est en faillite.

Crac! Voilà « Madame ». Bigre! mais... elle est jolie! Grande, svelte, une éblouissante toilette de soirée emprisonne son corps de Diane, élancé et charnu. Des yeux d'un bleu d'acier éclairent son visage mat, aux traits réguliers. Et quels cheveux! Non, décidément, je n'ai jamais vu un blond pareil!

— Je n'ai pas encore eu le plaisir de vous voir, Monsieur. Voulez-vous être « traité en particulier » ou assister à la leçon commune?

— Madame Vulcain, sans doute? La leçon commune est-elle faite par vous?

— C'est bien moi la directrice. Je ne m'occupe que des clients qui le désirent. La leçon est donnée par Mlle Jupiter, que je vais vous présenter. C'est une maîtresse expérimentée et sévère. Voulez-vous me suivre?

— Très volontiers, mais je voudrais vous demander s'il y a beaucoup d'élèves réunis pour la leçon?

— Il en vient de douze à vingt-cinq chaque après-midi.

— Mais permettez-moi: Si je trouvais là quelque personne connue?

Madame Vulcain veut bien sourire. Elle a la gencive haute et d'un rouge vif. Une dent « en or » se détache au milieu des autres:

— Ce sont tous des nouveaux venus comme vous aujourd'hui et il s'y trouve plus de curieux que d'amateurs. Ce n'est qu'après la leçon, que ceux qui le désirent peuvent revenir pour le cours suivi. Ce cours réunit précisément les personnes qui recherchent le traitement en public.

Ici, je rompt les chiens:

— Madame, je crois que nous allons perdre beaucoup de temps. Je ne suis nullement passionné, ni pour encaisser des tapes, ni pour en donner. Une

intense flemme congénitale m'interdit
d'ailleurs cette dernière éventualité.
Seulement, comme j'étudie la psychologie morbide, je paierais volontiers mon
fauteuil pour assister à... vos exercices.
Je ne suis venu que pour cela, d'ailleurs,
et j'avoue que si j'envisageais maintenant quelque chose d'autre, ce serait
bien plutôt de partager avec vous les
plaisirs de Vénus, que de servir d'en-
clume au marteau... de Vulcain.

Ma belle interlocutrice secoue la tête
à cette péroraison et ne sourcille pas.

— Vous pouvez voir le cours, mais
c'est à 5 heures. Pour seulement assister
une fois, c'est vingt-cinq francs.

— Ne pourriez-vous, en attendant,
me faire visiter en détail votre établissement; j'ai de vastes relations et peut-
être pourrais-je, en usant du charme de
descriptions, vous faire une utile ré-
clame.

— Bien, répond flegmatiquement la
belle flagellante, ma secrétaire va vous
montrer en détail, moi j'ai d'autres personnes à renseigner.

Et elle sort, majestueusement.

De nouveau seul dans le salon, j'entends comme un bruit confus.

Sûrement, il se passe quelque chose derrière cette tenture mais elle est trop épaisse pour laisser filtrer autre chose que des sons inintelligibles.

La porte se rouvre : changement à vue :

Cette fois, c'est une petite femme mince, brune, tout de noir habillée, et sobrement. Celle-là, pas d'erreur, elle est Française : au moins elle sourit en entrant :

— Mademoiselle, lui dis-je en guise de salut, c'est vous qui êtes chargée de me faire faire le « tour du propriétaire », je vous dédommagerai de votre dérangement.

— Vous êtes bien aimable, monsieur, mais je ne suis pas fâchée de laisser mes chiffres cinq minutes. Tenez ! par ici.

(Elle ouvre la portière de gauche.)

— Ce salon sert aux séances spéciales. Certains amateurs s'y réunissent avec des dames « du monde » et la maison le leur loue cent francs pour l'après-midi.

— Mais ces gens ne pourraient-ils pas tout aussi bien opérer chez eux ?

La demoiselle sourit.

— Si vous saviez comme on entend bien au travers des portes le bruit d'une séance de flagellation à plusieurs personnes, vous comprendriez combien il serait scabreux à des particuliers de se livrer chez eux à cette distraction. Ici tout est capitonné spécialement. On ne peut rien entendre.

Nous voilà maintenant dans une salle meublée comme une classe luxueuse.

— C'est ici, me dit mon cicérone, qu'aura lieu le cours auquel vous devez assister. Il y a deux autres salles pareilles, elles sont destinées aux clients et clientes qui veulent la classe séparée et non la classe mixte.

— Mais qu'est-ce qu'ils vont dire, ces « clients », en voyant un intrus assister à leurs ébats.

— C'est prévu ça, monsieur. Le cas se produit tous les jours. Le « cours public » auquel on s'inscrit après la « conférence », qui n'est qu'une simple entrée en matière, ne réunit que des gens désireux de fouetter ou d'être fouettés devant d'autres. Madame Vulcain a

arrangé son affaire avec ingéniosité.
Elle sait, en recevant l'inscription, si son
client (ou sa cliente) veut administrer la
flagellation ou la recevoir, s'il veut être
seulement avec des femmes, seulement
avec des hommes ou avec des gens des
deux sexes. D'ailleurs, on peut se masquer
si l'on veut.

Nous passons ensuite dans une
chambre à coucher toute simple, puis
dans une autre très moderne, très chic.

— La première salle, m'explique mon
guide, sert pour ceux qui veulent le
traitement « comme un enfant dans sa
chambre ». D'autres désirent l'illusion
d'être au lit et de corriger leur femme :
la seconde pièce leur est destinée.

Nous montons ensuite au premier.
J'entends, en passant devant une porte
de joyeux éclats de voix.

Ce sont les « dames » préposées aux
clients qui veulent être reçus en particulier. Les unes sont flagellantes et les
autres servent soit aux premières, soit aux
clients.

Je visite ensuite plusieurs petites
chambres. Mon gracieux cicérone me

fait observer, que quels que soient les cris qu'on puisse pousser dans ces chambres, ils sont parfaitement interceptés par les murs.

— Il y a des clients tellement démonstratifs, me dit-elle !

La visite est finie. Nous redescendons. Je demande si l'on peut boire « quelque chose ». On ne sert que du champagne. Enfin il est bon. La bonne me demande si je le veux « nature ». Un peu étonné je réponds affirmativement. La « secrétaire » éclate de rire.

— C'est, me dit-elle, que certains messieurs font corser leur champagne d'excitants, avant la séance.

Je brûle de voir cette « séance » et je vais prendre ma place dans la « salle de cours ». Il y fait bien sombre. Une femme que je n'ai pas encore vue me questionne à l'entrée et, après mes réponses, me fait placer au fond, tout à fait à l'arrière de la classe (moi qui fus toujours le premier de la mienne !) Il y a déjà des « élèves », mais je ne les vois que de dos. J'en suis réduit à regarder la chambre où je suis. C'est simple

3

et de bon goût. Devant moi, à l'autre bout, un bureau-pupitre et deux autres plus petits de chaque côté. Un fauteuil recouvert de velours écarlate devant le petit bureau de gauche. Trois tables scolaires avec banc pouvant recevoir huit élèves chacune. Tableau noir, cartes géographiques, etc...

D'autres personnes viennent, sont placées par la sous-maîtresse et attendent.

Enfin! voilà le professeur. C'est une femme grande, plutôt mince, en costume d'amazone avec un stick et des bottes à l'écuyère. Va-t-elle faire un cours d'équitation?

La leçon commence. En fermant les yeux on se croirait bien dans un cours. Il s'agit de méthodes pédagogiques et coercitives. Naturellement le professeur fait l'apologie du fouet.

Nous sommes onze dans « la classe ». Pas tous élèves, comme vous allez le voir.

L'amazone s'interrompt et demande « les moniteurs ». Deux hommes se lèvent, puis une femme. Ils sont placés respectivement sur les petits bureaux de droite et de gauche et sur le fauteuil rouge.

Par une habile diversion, la femme
bottée, insinue que les élèves paresseux
devraient, dans leur intérêt, solliciter
eux-mêmes la correction qu'ils méritent.
Là-dessus, elle invite les huit personnes
restées dans leur banc, à choisir le moniteur qu'elles préfèrent car elles méritent
toutes d'être corrigées. La petite troupe se
partage alors en quatre tas. Deux femmes
se dirigent vers le moniteur de droite,
sorte de métèque sud-américain mal
rasé. Trois petits jeunes gens vont vers
l'unique monitrice. Deux dames plutôt
mûres donnent la préférence au freluquet
quet en redingote qui trône sur le petit
bureau de gauche. Enfin un jeune
garçon de dix-sept ans, tout au plus,
demande à Madame la professeur elle-
même, de le corriger.

C'est alors que je commence à ouvrir
l'œil. Les dernières dispositions sont
prises. La séance se règle suivant les
desiderata des clients et clientes, ou
plutôt suivant leurs caprices, les uns
voulant voir fouetter avant d'être
fouettés eux-mêmes, un autre voulant
qu'on l'opère en même temps que son

voisin, etc... On annonce qu'une petite boulotte, blond fade, va être durement schlaguée devant tout le monde pour sa paresse durant la semaine. On l'installe à genoux sur le fauteuil écarlate. Madame la retrousse et le Sud-Américain, armé d'un martinet de modèle très réduit, commence le châtiment. Suivant le désir de la délinquante, il a lieu à travers le pantalon. Les coups pleuvent secs et saccadés. La flagellée se trémousse. On entend quelques sanglots étouffés, puis un cri : « avec la main seulement ». Le Sud-Américain empoigne la blonde sous son bras et lui claque la croupe assez doucement. Elle soupire et gigote puis s'affale : c'est la pâmoison. Alors le martinet est repris, et cette fois on frappe la chair nue. C'est la préceptrice qui se charge de cingler. Par petits coups, du bout des lanières, elle avive la chair de sa pénitente qui a repris ses mouvements convulsifs. Enfin la correction se termine par quatre ou cinq grands coups donnés à toute volée. La patiente pousse un hurlement et s'échappe.

On la place a genoux sur un banc, le

séant exposé à la vue, pour « l'humilier » !!!

Durant cette scène, les visages se sont congestionnés et personne ne tient plus en place. Le Sud-Américain disparaît : il a problablement besoin de s'isoler avec quelqu'un, pour reconquérir quelque calme.

C'est au tour du petit jeune homme qui a choisi la « professeur ». Ce doit être un client habituel, car elle le traite sans hésitation. A vous, Bomboy, lui dit-elle. Voyons, si vous avez prêté suffisamment d'attention à ma dernière leçon d'arithmétique pour savoir extraire une racine carrée. Allez au tableau et cherchez-moi la racine de 68.607?

Le p'tit jeune homme rougit, pâlit et écrit au tableau : « Je voudrais embrasser ma préceptrice, lever ses jupes et la fouetter. » Puis il s'écarte pour que la dame aux bottes à l'écuyère puisse voir ce qu'il a écrit.

La scène paraît réglée d'avance : La préceptrice s'approche du jeune inconvenant et lui présente le dos :

— Bomboy, lui dit-elle, nous allons

voir si la crainte d'un châtiment pareil
à celui d'hier est suffisante pour vous
empêcher, même si je m'y prête, de
commettre l'impertinence que vous venez
d'écrire. Je vous préviens que rien que
pour l'avoir écrite vous aurez vingt coups
de mon stick. Maintenant, essayez seulement.

Le visage du jeune libidineux reflète
ses diverses émotions avec une extrême
mobilité; on voit qu'il a réalisé l'état
d'émotion qui le conduit au plaisir
sexuel. Sa tête est tellement curieuse à
observer que je me lève de ma place
pour venir le voir de plus près.

Surprise! il est maquillé, Madame! ce
petit jeune homme a bien quarante ans!
et ses cheveux blonds dorés présentent
sur le crâne les vestiges d'une tonsure:
c'est probablement un ancien ecclésias-
tique, ma Doué!

Tout d'un coup, il se décide, lève la
jupe, découvre les dessous un à un, en
dilettante, attire à lui la préceptrice qui
cède, la courbe en avant. Elle fléchit le
corps de bonne grâce et son mouvement
fait jaillir une croupe qui mérite vrai-

ment toute la considération d'un connais-
seur. Et le petit jeune homme tape
timidement deux ou trois fois.

Le visage de la préceptrice se fait
sévère. Elle se redresse et se retourne.
Son regard froid, dur, se pose sur le
pseudo élève, qui pâlit. On sent que ce
qui vient de se passer ne lui plaît réellement pas : elle doit faire payer cher ce
caprice-là, et on sent qu'elle va frapper
son client de bon cœur.

Elle le prend par l'oreille et l'oblige à
remonter sur le banc du tableau noir.
Avec courroies, passant derrière le
tableau, et fixées à deux anneaux scellés
au mur, elle attache le faux jeune homme
par les poignets, tenus ensemble, et par
les pieds. Tout cela sans mot dire.
Ensuite, elle le dégrafe et dénude son
postérieur, et brandit le stick vengeur.
Les coups pleuvent laissant une trace
rouge. Le client ne crie pas, il doit être
entraîné, mais il se tortille comme un
ver. D'ailleurs la flagellante s'arrête au
vingtième coup.

— Ceci, mon petit, dit-elle, n'est
qu'un hors-d'œuvre, c'est le châtiment

de votre inconvenance écrite. Maintenant, Bomboy, vous allez vraiment savoir ce qu'est une bonne fouettée. Et elle s'en va quérir un fouet qui complète merveilleusement son costume d'équitation.

Le fouet siffle et cingle une fois :

— Tiens, Bomboy ! crie la fouetteuse.

Et elle accompagne chaque nouveau coup d'une injure.

— Tiens, Bomboy ! fainéant ! Tiens, Bomboy ! malpoli, ah ! tu t'es saoulé encore hier soir avec le vin que tu as volé dans la cuisine ! Tiens, Bomboy ! Tiens et puis tiens, et puis encore tiens ! Et la lanière siffle à nouveau.

A chaque cinglade, un cri léger, mais rauque s'échappe des lèvres du patient : décidément, c'est un vieux récidiviste. Je commence à en avoir assez. Encore tout à l'heure c'était une jeune femme. Maintenant ce quadragénaire flétri et peint, pouah !

Un dernier : Tiens, Bomboy ! et le fouet s'arrête.

Le nommé Bomboy est décomposé. Il souffle comme un phoque. Des tressaillements font saillir les muscles du visage et lui donnent un rictus étrange.

— Faut-il, lui demande sa tortion-
naire, que je vous batte de verges pour
que vous demandiez pardon?

Et comme il ne répond pas, elle s'en
va aveindre un paquet de verges posé
sur son bureau, et commence à frapper
par petits coups le derrière effroyable-
ment coloré — du rouge vif au bleu
sombre — de M. Bomboy.

Celui-ci s'occupe à dégrafer son pantalon et y passe une main avec laquelle,
évidemment, il ne dépasse pas le genou.

— Demandez pardon!

— !!!

— C'est bien : Et la correction continue avec les verges.

La flagellante paraît avoir moins d'en-
train. Pourquoi? Elle gradue ses coups
comme si elle craignait quelque chose.
Tout de même elle accélère peu à peu.

Tout à coup, Bomboy pousse une
exclamation pâmée :

— Ahhhâââh!

Un spasme le secoue.

La flagellante se retourne et présente
la verge : Elle vient de faire crier de joie
l'élève Bomboy. Qui en veut?

Un bruit sourd couvre les voix : Bomboy vient de s'affaler sans connaissance.

Je le soulève et l'ausculte. Les batte-
ments, arythmiques faibles, lents, paraissent vouloir s'éteindre. Le visage est
blême et froid. Un tremblement passe
dans les jambes. On s'efforce de rani-
mer le malheureux sans y parvenir. Je
conseille d'aller au plus vite chercher un
médecin. Sur ces entrefaites la patronne
paraît. Une bonne est dépêchée chez le
docteur le plus proche. On emporte Bomboy au salon.

Le charme est rompu. Un souffle est
venu glacer la fièvre vésanique de l'as-
sistance. Ces dames prient les élèves de
revenir le lendemain : cette leçon ne
leur sera pas comptée.

. . . .

. . . .

. . . .

Revinrent-ils? Je ne sais. Mais ce fut
certainement pour rien : Le soir même
on emportait Bomboy, les pieds devant,
et la Maison, sur l'ordre de la Préfecture,
fermait ses portes.

L'Initiation. — La nuit tombe estom-

pant peu à peu la rue de cette demi-
teinte qu'aiment tant les flâneurs. Emma,
la placière de l'éditeur X..., regagne
Grenelle d'un pied las et maussade. Elle
n'a pas « fait » ses frais et, depuis plusieurs
jours, c'est ainsi. On dirait qu'une guigne
noire la poursuit. Ce n'est pas drôle
d'escalader des étages, de visiter des
bourgeois méfiants et des boutiquiers
affairés et brusques pour gagner sa vie.
Mais encore... quand on la gagne! Restée
veuve à vingt-huit ans, sans enfant,
sans but, elle a vécu d'abord sur le peu
d'argent qui restait, sur... le mobilier
ensuite. La mort de son mari l'a laissée
dans une sorte d'hébétude. Des amies lui
ont fait boire de l'éther. Une d'entre elles
lui a même donné des consolations plus
intimes. Mais personne ne s'est chargé
de pourvoir à ses besoins quand elle en
a été à son dernier sou.

Du travail? Oui, mais si mal payé! Et
puis à rester enfermée, elle se consumait.
Un peu forte, elle n'est à l'aise qu'en
plein air. Aussi s'est-elle empressée
d'accepter quand un éditeur lui a offert
de visiter la clientèle. Il lui est arrivé

déjà de ne recueillir aucune commande
dans sa journée. Le soir venu, il lui restait deux francs : elle en a dépensé la moitié. Le lendemain et le surlendemain son
gain a été insignifiant, les jours suivants
aussi. Une note de blanchissage lui a écor-
né mal à propos les quelques francs d'a-
vance qu'elle avait ménagés. Ce soir, elle
se trouve juste posséder huit sous. Aussi
bien pourquoi marcher si vite? Elle ne
pourra se faire à dîner et mangera quelques petits pains, insuffisante pâture pour
une femme de 85 kilogs. Elle prendra
ensuite un café dans un bar et sera peut-
être plus heureuse demain. Donc elle
ralentit le pas et s'arrête même pour
souffler : il fait si lourd !

Mais qui lui frappe sur l'épaule? Quelle
est cette femme au visage impérieux et
fin qui lui adresse la parole.

— Etes-vous pressée, dit une voix
certainement habituée à un autre idiome
que le nôtre.

— Si je suis pressée?... répond l'autre,
ahurie devant cette question si simple et
un peu impressionnée devant l'aspect in-
déniablement riche de son interlocutrice.

— Oui, si vous n'êtes pas trop pressée, je vous prierais de m'accorder quelques minutes. Si vous êtes pressée, c'est la même chose : mon auto est à deux pas. Nous irons de votre côté....

Qu'est-ce qu'elle risque? Elle en profitera pour tâcher de placer à cette belle madame, les plus récentes publications de son patron.

Les voilà en auto. On roule sans heurt ni précipitation. Un parfum assez puissant pour faire naître une bonne migraine, règne à l'intérieur. Elle veut baisser la glace.

— Non ! fait la propriétaire de l'auto. J'adore cette odeur. Je vous demande pardon et vous dédommagerai de ce petit supplice. Voulez-vous venir dîner avec moi? J'ai beaucoup de choses à vous dire. Votre genre me plaît beaucoup. Je vous ai vue de mon auto, tout à l'heure, devant le Dumont, rue Lafayette.

Emma comprend. Elle a lancé, en passant devant l'établissement Dumont un regard de convoitise vers certain dressoir de fruits placé à la terrasse comme pour exciter l'appétit. Elle baisse la tête, mais reprend vite de l'audace : le métier qu'elle fait a fortement diminué sa timidité. Par moment elle sait être presque effrontée.

— Et c'est chez Dumont que vous voulez m'emmener dîner ?

L'autre sourit.

— Non, dit-elle, chez moi.

Emma n'en demande pas plus. Elle se dit : Ce doit être une femme pour femme. Je vais toujours dîner. On verra après. Il faudra bien qu'elle m'achète quelque chose, n'importe comment. La prudence l'exige.

On arrive, le chauffeur descend et sonne à la porte cochère d'un hôtel particulier, puis remonte. La porte s'ouvre. L'auto s'engouffre. Un air frais tombe sur les épaules. La demeure paraît silencieuse. Derrière la maîtresse de céans, Emma grimpe un bel escalier de pierre blanche recouvert d'un somptueux tapis.

Au deuxième, une bonne paraît. Un dialogue s'engage en une langue inconnue d'Emma.

La soubrette s'incline et disparaît.

Quant à sa patronne, elle n'est pas

loquace. Elle fait simplement asseoir Emma, lui apporte une bouteille de porto, des albums de gravures et disparaît.

Le porto est d'abord l'objet de la sollicitude d'Emma. Il n'a rien de commun avec les mixtures repoussantes servies sous le même nom dans les bars.

Aussi se laisse-t-il boire.

Et comme il réchauffe agréablement!

Distraitement elle ouvre un album. Tiens! ça c'est drôle! Un homme qui tient sur ses genoux une jolie petite femme et qui lui donne des coups de martinet.

Quel « drôle de combine » pense Emma!

Puis elle tourne la page.

Ici ce sont deux petites jeunes filles enlacées, face à face, et qui mutuellement se claquent sur la croupe.

— Décidément, se dit la placière, c'est un genre!

Et elle feuillette de nouveau. Les gravures succèdent aux photos et les photos aux gravures, mais c'est toujours de la flagellation, dans des formes variées de toutes les façons : des scènes à deux, à trois, à dix; des femmes fessant à tour de bras un éphèbe pâmé, un homme levant une verge vengeresse maniée par un bras musculeux au-dessus de trois séants féminins de formes agréablement variées...

Encore un doigt de porto. Comme elle repose son verre, la porte s'ouvre :

— Par ici...

Et la belle dame de l'auto, en kimono vert-casse-carreau — un vert à faire hurler les grenouilles, — l'introduit dans une salle à manger meublée avec une bizarrerie exotique.

— Servez, Groucha!

La voix a changé d'inflexion. Elle n'est plus paisible et douce, mais autoritaire, impérieuse.

Le dîner commence. Il s'annonce copieux. Emma est assise en face de la dame sur un divan bas. Elle mange... elle mange... comme il y avait longtemps qu'elle ne l'avait pas fait.

Comme boisson rien autre chose qu'un champagne brut. Pour sûr elle sera grise. Tant pis : elle n'a rien à perdre. Si elle pouvait seulement s'ensevelir pour toujours dans un sommeil d'ivresse et d'oubli...

Mais le champagne, au contraire, l'émoustille. Elle se sent joyeuse. Elle parle, elle questionne son vis-à-vis qui sourit et lui verse à boire.

Elle se sent de plus en plus serrée dans son corset et passe une main dans sa taille comme pour élargir le tour de sa robe.

La dame au kimono vert s'indigne !

— Pauvre Madame, je ne vous ai pas invitée à vous mettre à l'aise !

Et comme le repas touche à sa fin, elle l'emmène dans un salon contigu.

— Permettez que je vous aide...

En un clin d'œil, Emma est dégrafée. Elle n'oppose qu'une molle résistance. Que va lui faire cette femme. Va-t-elle la fouetter, comme dans l'album? Elle paraît bien douce en tous cas.

— Groucha va apporter le thé, nous le prendrons ici et nous causerons ensuite.

Groucha paraît en effet avec le service. Elle semble interroger sa maîtresse du regard et vient se blottir aux pieds d'Emma.

Mais qu'est-ce que ça veut dire? Tandis que la bonne lui ligotte prestement les pieds, sa maîtresse lui a saisi les poignets et les attache derrière le dos.

— Ma chérie, dit alors la dame verte, ne m'en veuillez pas de cette petite humiliation, soyez très docile, Groucha va vous faire boire votre thé...

Emma fait un signe violent de dénégation et dit d'une voix un peu pâteuse : « Pas de thé... j'aime mieux... encore du champagne... »

— La bonne et sa maîtresse éclatent de rire !

— Tout à l'heure, mignonne, dit cette dernière. Auparavant, nous allons nous distraire un peu...

Et elle fait à Emma une série de confidences que l'autre entend mal : ses oreilles lui sifflent et ses tempes bourdonnent. En même temps elle se sent toute énervée, excitée. Chose bizarre, elle n'éprouve aucune peur de ce qui peut lui arriver. Elle devine plutôt qu'elle ne comprend : elle a affaire à une Russe accoutumée à la flagellation, et que sa partenaire habituelle vient de quitter. Emma se trouve avoir la chance de ressembler à cette partenaire : c'est pourquoi elle a été accostée et invitée à dîner. On compte qu'elle voudra bien remplacer l'amie infidèle et on lui promet monts et merveilles...

Elle acquiesce. Ça lui est égal. Tout lui est égal. Elle aimerait mieux qu'on la laissât dormir. Qu'importe !

Voici qu'on la déshabille. Elle est mieux ainsi. La bonne et sa maîtresse la portent sur un lit de repos, où on la pose à plat ventre...

Quelque chose comme une morsure légère, puis une autre, puis une série lui fait contracter les muscles fessiers. Une sorte de chaleur, point sans charme, gagne peu à peu sa croupe et rayonne. C'est avec une poignée de brindilles souples qu'on la fouette...

Mais les coups deviennent plus violents et arrachent à Emma de petits cris. La Russe ne s'arrête que pour changer d'outil. Elle prend maintenant un martinet et, cette fois, c'est à devenir folle. Le cuir mord cruellement et ne tarde pas à entamer la peau. Emma hurle et se débat : c'est trop tard. La flagellante, ivre de luxure, frappe à tour de bras. Ses forces, heureusement décroissent et, bientôt, lassée, elle lâche son instrument et se jette, la première, la tête sur le séant écorché d'Emma, dans lequel cruellement elle plante ses dents...

Nantie de vingt-cinq louis, Emma est partie le lendemain matin encore ahurie. Elle ne sait si elle est contente ou furieuse. Grâce à des lavages, ses meurtrissures ne la font pas trop souffrir. Peu à peu, elle se calme : ses mille francs lui assurent plusieurs mois de tranquillité... après lesquels elle pourra peut-être soutirer d'autres billets à la Russe sans s'exposer comme hier : ceci vaut bien cela. En somme elle est écorchée, mais au bout d'un mois...

. . . .
. . . .
. . . .

Au bout d'un mois, il n'y paraît plus, en effet, sauf tout de même, à l'endroit de la morsure, ce bouton humide. Et c'est curieux comme elle a, depuis deux ou trois jours, les aines douloureuses. Les ganglions sont gonflés. Elle va montrer ça à son amie la masseuse...

— Ce que ça veut dire, ma petite ? C'est bien simple. Ta Russe était syphilitique et elle t'a contaminée en te mordant, ton bouton n'est autre que le chancre. Quant à ce que tu as dans l'aine, c'est régulier : ce sont les globules blancs du sang qui s'amassent pour lutter contre le spirochæte... Me tromper ? Ah ! non ! ma vieille. Des « syphilos », j'en ai assez soigné quand j'étais infirmière... Un conseil : cours vite à l' « Hosto ». Avec ce que tu tiens, moins on perd de temps, mieux ça vaut.

Causes prédisposantes
et déterminantes

Il y a deux causes qui prédisposent à tous les vices en général, ce sont l'intoxication alimentaire et le laisser aller cérébral, le manque de réglementation régulière de la vie.

L'intoxication alimentaire est naturellement le fait des gourmets, fervents d'une table abondante et recherchée, de vins capiteux et de vieilles liqueurs. Mais, plus généralement, nous sommes presque tous des intoxiqués parce que nous mangeons trop. La quantité d'aliments, ingérés chaque jour dans n'importe quelle famille d'ouvriers aisés ou de petits bourgeois, devrait être réduite de moitié. L'habitude nous a créé un besoin factice que nous satisfaisons sans chercher s'il est rationnel, mais les travaux de tous les diététistes, Métchnikof en tête, prouvent que la plupart des maladies viennent du régime trop abondant que nous suivons. Notre appareil digestif est encombré des déchets d'une pareille alimentation, il est surmené. La pléthore se traduit par une recrudescence de besoins sensuels. Or, il arrive qu'à force d'user des voies naturelles d'extinction du feu des sens, la volupté normale nous devient habituelle, elle nous semble moins intense et nous sommes bientôt tout disposés à donner notre attention aux moyens artificiels de satisfaction génésique.

Indépendamment de la quantité des aliments, leur espèce a une importance considérable. La viande, le sucre et l'alcool ne devraient pas figurer sur nos tables continuellement. Je dirais même que toute personne soucieuse de sa santé devrait les proscrire tout à fait. Il est démontré que ces trois substances ont la double action nocive de fatiguer énormément nos organes et d'y créer des toxines — de véritables poisons. Tout intoxiqué alimentaire, à un certain degré, devient arthritique, d'autant plus vite qu'il mène une vie plus sédentaire. L'état morbide de l'organisme tend à créer un déséquilibre correspondant, au moral. C'est pourquoi, aussi bien pour la santé que pour éviter la prédisposition aux aberrations génésiques, il faut surveiller l'alimentation des enfants... et la nôtre.

Non moins dangereuse, au point de vue qui nous occupe et à beaucoup d'autres, est l'irrégularité de la vie, le manque d'orientation de nos actes à un but fixe, l'oisiveté matérielle et le laisser aller cérébral. Ces conditions conduisent

à la rêverie morbide, donnent libre cours
à l'imagination qui peut nous entraîner
à sa suite avec d'autant plus de facilité
que nous n'avons aucun point d'appui
pour lui résister. L'imagination reflète
passivement les impressions, percep-
tions, idées qui nous viennent du dehors.
Lorsque le contrôle du jugement s'effec-
tue, nous rectifions ce qui nous vient à
l'idée et qui ne nous paraît pas rationnel,
mais ceux qui ont l'habitude de se
laisser conduire par leurs pensées, de
suivre les inspirations du moment sans
y apporter le critère de principes solides,
peuvent être entraînés bien loin. Tant
qu'une pareille passivité n'est que
cahotée d'une impression à l'autre, il
n'y a que demi-mal : l'individu végète,
mais lorsqu'une pensée a séduit l'incon-
scient qui la considère longuement, y
revient et s'abandonne à son charme
pendant des jours, des semaines, cette
pensée finit par s'imposer, par subjuguer
toute velléité de résistance, par exiger
impérieusement sa réalisation : c'est
ainsi que naissent tous les vices, toutes
les passions, toutes les folies. Et lorsque,

avec cela, la pléthore créée par une trop riche alimentation vient exagérer la voix des sens, il n'est pas difficile de pronostiquer que l'individu est prédestiné à un désordre sexuel quelconque. Jusqu'ici, les prédispositions peuvent être variées : la gamme des vices est étendue. Mais la pléthore développe une disposition à la violence : les congestifs sont tous des violents. Nous avons suffisamment montré, dans le cours de ce livre, comment deux tendances, libidineuse et brutale, conduisaient à la flagellation active. Il suffit que l'occasion s'en présente, qu'une de ces entremetteuses, si habiles à suggérer des distractions nouvelles à ceux qu'elles entreprennent, en souffle l'idée. Celle-ci peut d'ailleurs venir de toute autre source : il y a les annonces dont on cherchera à pénétrer le sens en se renseignant et toute la littérature de flagellation dont on trouve des échantillons dans les meilleures bibliothèques. Plus un sujet est bizarre, plus il attire l'attention des gens dont le mental est sans gouvernail fixe. Un livre sur la flagellation, inoffensif entre les mains d'une personne qui a une orientation, qui a des principes recteurs de sa vie, est une suggestion insidieuse pour un esprit flâneur, soit oisif parce que riche, soit gagnant sa vie au jour le jour, sans but plus général, et sans préoccupation constante.

Si l'on veut éviter ce dernier inconvénient à un enfant, il faut l'habituer, dès le premier âge, à une vie bien réglée, éveiller son intérêt pour des occupations qui tiendront une large place dans sa pensée. Plus tard, il faudra l'accoutumer à régler même ses récréations et à choisir des distractions ayant un attrait intellectuel. En dehors de sa profession, il est bon de s'intéresser à un vaste sujet, que ce soit littérature, beaux-arts ou étude quelconque, peu importe! On ne fait pas assez intervenir dans l'éducation le développement de l'attention, du jugement, de l'objectivité, le contrôle de l'imagination. Si l'on s'attachait à inspirer à l'enfant le goût et l'admiration de brillantes facultés, on lui éviterait bien des excès et on couperait les germes de bien des entraînements malsains.

L'état d'ignorance actuel de la grosse masse des travailleurs est vraiment regrettable : elle engendre une insuffisance cérébrale, très utile aux politiciens pseudo-démocrates, qui, l'alcool aidant, produisent sur le peuple l'hébétude voulue pour que leur vampirisme soit subi inconsciemment, mais dont les vrais amis de l'humanité déplorent l'existence. Les conversations d'ateliers ou de magasins, les spectacles populaires, les appréciations entendues aux heures d'affluence dans les véhicules publics, présentent le même caractère d'écœurante platitude. On sent que tout ce monde n'a pas la maturité cérébrale correspondant à l'âge. Il semble, n'est-ce pas, que cette petite digression n'a aucun rapport avec les causes prédisposantes et déterminantes de la passion du fouet : erreur. Parmi les enfants issus de la masse populaire d'aujourd'hui, d'aucuns parviendront, par commerce, industrie, etc..., à une fortune enviable. Le cas n'est pas rare. Or ce sont souvent ces parvenus à culture irrationnelle qui, devenus oisifs et ayant atteint leur seul but : l'argent, grossissent le troupeau des victimes du vice sous toutes ses formes. On nous objectera que la flagellation est plutôt un vice d'intellectuels. Ceci est vrai, mais non pas exclusif : il y a autant de primaires que de licenciés parmi les flagellants ou les passifs du fouet. Ce n'est pas l'instruction elle-même qui peut préserver les hommes des sentiers morbides, c'est le développement des facultés volitives et rationnelles, développement que, seule, une bonne connaissance de la psychologie ou de sévères principes peuvent permettre.

Les conditions les meilleures pour se garer des entraînements malsains sont donc en résumé :

— Une alimentation saine et stricte.

— Une orientation de la vie qui vous préoccupe constamment.

— Un travail assidu.

— Une vie réglée.

Nous ajouterons : *et surtout l'absence d'exemples et d'excitation au vice.*

En l'espèce, exemple et excitation proviennent le plus souvent du sein de la famille, de l'école ou du pensionnat.

Comme je l'ai dit et répété plusieurs fois dans ce livre, la pratique, sur les enfants et devant eux, de corrections appliquées sur les fesses et d'autres châtiments corporels, est la plus puissante de toutes les impulsions qui poussent à la passion du fouet. On devra donc proscrire la fessée et si le hasard veut que l'enfant soit témoin de pareille correction, on flétrira devant lui et la chose et les gens qui l'emploient.

Au moment de la puberté, bien surveiller les « amitiés » des jeunes gens et des fillettes. Pas trop de tête-à-tête. Sous le double aiguillon des nouvelles sensations et de la curiosité, beaucoup de choses peuvent être découvertes en peu de temps par de jeunes imaginations. A cette période *surtout*, il faut donner à l'attention des enfants de puissants dérivatifs et ne pas laisser leur pensée errer. Les parents et éducateurs qui veulent faire leur devoir consciencieusement n'ont pas un instant de répit. Mais une fois la pâture donnée, l'école payée et la civilité puérile et honnête imposée, trop de gens se rengorgent, en s'accordant in petto un satisfecit.

Effets et Conséquences

Si la flagellation laissait intact l'organisme de celui qui la reçoit ou l'administre, elle n'en serait pas moins dangereuse, simplement parce qu'elle constitue un puissant dissolvant psychologique. Ses premiers effets sont de faire perdre à l'individu le goût de ses plus chères occupations, de diminuer progressivement l'intérêt qu'il porte à ses t, avaux, à sa profession, à sa famille, à lui-même.

En un mot, facultés intellectuelles, affections, talents, aptitudes, sont graduellement et insensiblement enlisés. Il ne subsiste bientôt, pour les passionnés du fouet, que le désir de s'adonner à leurs exercices et, entre deux séances, un besoin morbide de s'isoler pour se laisser aller, en toute tranquillité, à des manifestations dont on devine le sujet.

Fort heureusement, il arrive souvent que ce degré d'abrutissement ne peut être atteint, car l'organisme n'est que rarement assez résistant pour supporter, sans fléchir en un de ses points, la tension nerveuse dans laquelle se placent fouetteurs, fouettés surtout.

Toute personne, même la plus robuste, a, dit-on, son point faible. C'est-à-dire que tous les organes d'un même corps n'ont pas la même résistance et qu'il en est un, naturellement, en meilleur état que tous les autres et un autre présentant le minimum.

Le surmenage, quelle qu'en soit la cause, a pour effet de produire un trouble dans celui des organes qui se trouve être le moins résistant — le plus faible.

Les premiers effets de la passion du fouet — qui cause naturellement un grand surmenage nerveux — est de détraquer, soit l'estomac, soit le foie, soit le cœur, soit le rein, suivant les sujets, tout en diminuant la résistance générale de l'organisme en général.

Les troubles du cœur et de la circulation sont les plus fréquents. Si l'on imagine dans quelle effroyable tension se trouve le système vaso-moteur, sous l'empire des excitations périphériques

données par les cinglades et par l'excitation sexuelle qu'éveille le fait de fouetter, on s'étonnerait que pareil effort
anormal soit sans conséquences sur
les organes auxquels on les impose.

L'arythmie, les souffles à la valvule
mitrale, l'insuffisance mitrale et aor-
tique, telles sont les premières conséquences physiologiques de la passion du
fouet. A un certain degré de développement, ces troubles rendent impossible
la récidive, sauf pour certaines personnes
robustes, dont l'état général encore bon,
permet la continuation de leur vice,
jusqu'au fléchissement définitif. L'angine
de poitrine, par exemple, qui, en fait de
maladie de cœur, constitue une véritable infirmité, interdit définitivement la
flagellation, à moins qu'on veuille y
chercher la mort.

Il peut se développer aussi un ané-
vrisme, qui cédera un jour sous une
constriction trop violente et détermi-
nera une hémorragie foudroyante.

Le système nerveux lui-même se res-
sent dès les premiers jours de pratique.
Il devient capricieux et sensible. Les

moindres bruits, un coup de sonnette vif, une porte qui claque, font tressaillir. La contrariété la plus insignifiante provoquera des larmes. On ne peut plus lire longtemps ni rédiger sans mal. Tout effort de l'attention devient pénible. L'estomac est capricieux, la nausée succède brusquement à la faim. Il est d'ailleurs devenu paresseux et les repas s'achèvent dans une morne lourdeur.

Une sensation de pesanteur et de constriction passe quelquefois de l'abdomen au cou : on s'achemine vers l'hystérie.

Si c'est plutôt la femme qui doit craindre cette maladie, ainsi que toutes les affections inflammatoires des organes génito-urinaires, l'homme n'est pas mieux partagé, car il ne manque jamais d'être frappé de spermatorrée.

Tout ce qui tend à amener l'éjaculation hors du sexe féminin, vase naturel, avec le concours de l'imagination — comme l'habitude de fouetter ou de subir le fouet — prédispose les rêves auxquels se mêle une idée amoureuse, à finir par une émission spermatique. Les fouetteurs et fouettés par passion sont,

4

nous l'avons dit, hantés d'idées connexes aux exercices qu'ils affectionnent et leurs rêves sont presque toujours érotiques. On sait que la fréquence de tels songes développe la facilité de l'éjaculation, jusqu'à la rendre possible au moindre effort d'imagination. Ainsi se crée la consomption, antichambre de la tuberculose et du ramollissement cérébral — sans parler des désordres préparatoires et de l'impuissance.

Toutes ces conséquences physiologiques, si elles s'adressent à une personne quelconque pourvue de bonnes rentes et célibataire, n'ont qu'une importance limitée à qui les détermina.

Mais s'il s'agit de quelqu'un ayant charge d'âme, ayant des occupations professionnelles ; s'il s'agit d'une valeur intellectuelle ou artistique, les conséquences deviennent pitoyables. C'est un être qui a été s'enliser volontairement, alors que des devoirs le sollicitent, qu'il ne peut plus remplir. La déchéance des facultés, la misère physiologique, la perte du sens moral, l'indifférence affective font bientôt de leur victime une épave, destinée à la fin précoce d'une existence de jour en jour plus lamentable. Avenirs brisés, caractères flétris, santés ruinées et véritables joies interdites, telles sont les quatre conséquences fatales et inéluctables de la passion du fouet et de tous les autres vices en général.

L'ignorance et l'incitation ont amené à la flagellation des gens qui regrettent d'avoir développé cette passion. Tant qu'une ombre de désir d'en sortir subsistera chez eux, ils pourront se libérer en suivant la méthode donnée au chapitre suivant.

La cure

Les procédés méthodiques que nous allons indiquer ici constituent une cure complète, non seulement de la passion du fouet, mais plus généralement de toutes les passions, vices, habitudes, etc... Il n'y a pas de cas désespérés. Chaque malade, en son fort intérieur, a tendance à s'imaginer qu'il est impossible de « se passer » de la satisfaction de l'habitude contractée ou, du moins, que c'est impossible dans son cas. Deux suggestions de chaque jour viennent fortifier cet état d'âme. D'abord un préjugé stupide que beaucoup de gens colportent et répètent, parce qu'ils l'ont entendu et admis d'emblée, sans examen : à savoir qu'une fois pris dans l'engrenage d'une habitude vicieuse, on doit fatalement y passer tout entier. Rien n'est plus faux. Il est difficile de se débarrasser d'un besoin morbide qu'on s'est créé. Cela exige de véritables efforts, mais c'est parfaitement possible. A moins d'être paralytique, chacun est susceptible d'un petit acte de volonté, si minime qu'il soit. Or, en répétant ce léger effort, on acquiert assez rapidement la faculté d'en faire un plus grand avec chaque jour plus de facilité.

La deuxième cause d'inertie, de la part de beaucoup de gens qui voudraient abandonner leurs passions, vient de ce qu'ils ont fait, sans succès, de louables efforts pour cela. Mais leur insuccès vient ici de ce que l'effort n'a pas été accompli comme il l'eût fallu. Il y a une science exacte de la réussite en tout, et cette science repose précisément sur l'art de bien diriger son activité. Les instructions ci-après sont combinées de telle manière que les moins bien doués puissent en retirer tous les bons effets.

Premièrement. — La base du retour à la vie normale est le désir. Du moment où l'on est mû par ce désir, la possibilité commence. La première chose à faire est de favoriser, par tous les moyens, l'intensification de l'idée conçue, de ne rien négliger de ce qui peut fortifier la détermination de se débarrasser de l'obsession et de l'habitude prise. Comment faire pour transformer une simple velléité en une résolution positive et revenant sans cesse dans le cercle habituel des pensées ? Il suffit de passer chaque jour un certain temps à méditer, d'une part sur les inconvénients et dangers de la vie qu'on mène et surtout sur les avantages que l'on retirerait d'un changement. On s'inspirera pour cela des données du chapitre précédent, en même temps que de considérations personnelles. On réfléchira successivement aux dangers de la flagellation pour l'organisme; au rôle dissolvant de cette passion qui rend insensible aux enthousiasmes, aux nobles sentiments, à l'affection même et à tous les charmes d'un grand amour; à la dégénérescence cérébrale dont on est victime, à la faillite des facultés d'attention, de mémoire, etc..., indispensables pour tenir une place honorable au milieu des autres. Après avoir ainsi passé en revue les conséquences fatales d'un vice, on s'élèvera des avantages les plus infimes aux plus grands que vaudrait le retour à la normale : harmonie des fonctions rétablies, d'où bien-être physique.

A ce sujet, qu'on se condamne à plusieurs heures de malaise pour un instant de satisfaction, contestable d'ailleurs, c'est un mauvais calcul, même au strict point de vue épicurien. On évoquera toute la gamme des plaisirs sains et bienfaisants, qui, à l'inverse des joies passionnelles, sont salutaires à l'économie, tout en donnant de très vifs plaisirs par eux-mêmes. Puis on fera dévier la méditation sur les moyens d'action de la personne, maîtresse d'elle-même, sur l'avantage d'un parfait équilibre du système nerveux et des facultés mentales. Ne pas manquer de penser aussi qu'une imagination délivrée du joug passionnel, trouve à sa disposition un vaste champ pour son activité : beaux-arts, littérature, études de tous genres, musique, etc. Tâcher de scruter exactement l'état de sa propre mentalité au point de vue sentimental, et de se rendre compte de ce qu'on perd en laissant étouffer en soi tous les nobles élans. Rechercher par-dessus tout quelque chose qu'il vous plairait de réaliser si l'on était guéri et qui vous est actuellement interdite, y penser souvent.

Cette méditation journalière a pour effet de créer à l'obsession du fouet, une obsession antagoniste. De même que deux corps ne peuvent occuper la même place dans l'espace, deux ordres d'idées absolument opposés ne peuvent subsister dans un cerveau avec la même intensité. Dans les profondeurs de la

subconscience, une lutte imperceptible et
continue a lieu sans trêve. Peu à peu
l'état d'esprit change. Des répugnances
invincibles et de puissantes attractions
naissent et poussent l'être à une nouvelle manière d'agir : on a vaincu la
cause première de l'habitude implacable;
l'idée fixe.

Deuxièmement. — Parallèlement à
cette méditation journalière, il faut re-
manier son régime alimentaire. D'abord
supprimer tous les excitants : alcool,
café, thé, etc... J'entends, d'ici, la
sempiternelle assertion : « Je ne peux
pas me passer de café, de thé, etc. » Si,
vous le pouvez. J'admets que cela n'est
pas facile, mais ce n'est pas impossible,
car si, pour une raison quelconque, vos
excitants journaliers n'étaient plus mis
en vente, vous n'en perdriez pas la vie,
au contraire. Comme l'éducation fatale,
en honneur dans notre civilisation à
rebours, développe l'inertie de la volonté
chez les meilleures natures, chacun crie
comme un supplicié dès qu'il s'agit de
faire acte de détermination volontaire.
Pour un homme dans toute la force du

terme, pour un homme méritant ce nom, se passer de n'importe quelle chose, non indispensable à la vie, est, non seulement possible, mais aisé. Vous personnellement, vous êtes affaibli, malade, vous aurez plus de mal. Vous ne pouvez faire le travail d'un seul coup: faite-le par petites parties. Si vous usez de trois toxiques, disons café, alcool et tabac, commencez par vous occuper exclusivement de l'un des trois. Diminuez votre ration en quantité (ou en qualité, s'il s'agit des liquides, en ajoutant de l'eau). Cette diminution, chaque jour un peu plus grande, vous conduira sans douleur à l'abstention. Une fois le premier toxique éliminé, passez au second et ainsi de suite.

Après les toxiques ou en même temps, vous aurez à vous étudier au point de vue des aliments eux-mêmes. Chassez de votre table les épices, les crustacés, les truffes, les pièces faisandées, etc... Diminuez sérieusement votre consommation en viande rouge et usez davantage de légumes frais, de laitage et de fruits cuits.

Comme boisson, le vin est permis, mais avec 3/4 d'eau pour 1/4 de vin. Boire peu et plutôt à la fin du repas.

Attention à ne pas tolérer de constipation. Rejeter les drogues et avoir recours, le cas échéant, aux fruits frais cuits, au massage et à la marche.

Troisièmement. — Si le régime physique est indispensable pour désintoxiquer l'organisme et faire disparaître toutes les causes d'excitabilité physique, l'intellect a aussi besoin d'être nourri avec des productions ne comportant aucune incitation à la passion, ni au vice en général. Par conséquent rejeter énergiquement les lectures douteuses et leur substituer d'autres sujets qui constitueront un dérivatif. Il ne manque pas d'ouvrages attrayants et utiles.

Il est presque superflu d'ajouter qu'il y a lieu d'éviter la société des personnes disposées à s'entretenir de propos libidineux.

Quatrièmement. — Les indications précédentes, même insuffisamment observées, donneront déjà un résultat qui se traduira par une étonnante diminution de la propension qu'on avait pour sa passion. Ici nous commençons à agir, au véritable sens du mot, à exorciser le fatal démon de la luxure, au moyen d'un procédé emprunté à la technique du développement de la maîtrise de soi.

S'isoler, autant que possible, dans une pièce silencieuse et s'installer, assis ou étendu très confortablement. Détendre ses muscles, autrement dit reposer mollement chacun des membres. Respirer lentement par le nez en comptant à nouveau de un à sept et rejeter l'air en comptant « un, deux, etc... », jusqu'à sept. Conserver l'air inspiré en comptant à nouveau de un à sept et rejeter l'air en comptant une troisième fois. Recommencer cette respiration rythmée douze fois. Le premier effet sera un calme parfait, dans lequel on se trouvera très à l'aise pour se livrer au second exercice suivant :

— Se représenter mentalement tel que l'on est actuellement avec toutes ses qualifications physiques et morales. Puis se représenter, en détail, sans rien omettre, tel que l'on veut devenir. S'ima-

giner que ce progrès est déjà obtenu et
s'entretenir dans cette fiction. Refuser
toutes les idées de doute ou de négation.
Bien se persuader qu'avec du temps et
des efforts, on arrivera à matérialiser
exactement le désir qu'on a de revenir
à la normale. Se répéter mentalement :
« Je changerai complètement. » « Dans
peu de temps, je serais débarrassé de ma
passion. » « Chaque jour ces pratiques
me plaisent moins. Il y a même des mo-
ments où elles me répugnent. Bientôt il
me sera impossible de m'y livrer et je
ressentirai même à y penser un insur-
montable dégoût. »

Terminer la séance par douze nouvelles respirations.

Cinquièmement. — Durant la journée,
il faut chercher des dérivatifs qui rem-
plissent le temps sans laisser à l'imagination le loisir de se livrer à des médi-
tations vicieuses. Si l'on a des occupations professionnelles, s'y livrer avec
toute l'attention dont on est capable. Si
on a des loisirs, tracer un programme de
ce qu'on fera pour les occuper. Les sports
sont ici à recommander. Le sport est un

sérieux antidote aux vices de toute espèce.

Sixièmement. — Pour la vie entière on fera bien de toujours prévoir l'emploi de son temps de façon à éviter les dérèglements. Se fixer d'abord un but très général à atteindre dans un temps plus ou moins éloigné. Une personne travaillant pour vivre choisira, par exemple, un résultat purement matériel, professionnel, tandis qu'étant libre de son temps, on se donnera un but de progrès personnel, par exemple. Ensuite répartir en plusieurs étapes le chemin à parcourir. Se représenter les divers obstacles à vaincre, les dénombrer, décider auquel on s'attaquera le premier, ceux qui viendront à la suite, etc...

Ce plan d'ensemble effectué, il faudra s'occuper du premier résultat partiel à atteindre. Diviser le temps voulu pour cela en tant de jours. On pourra prévoir alors utilement l'emploi de la journée.

Enfin, on procédera à chacun des actes prévus dans le cours de la journée en se donnant entièrement à ce qu'on fait au moment où on le fait.

Septièmement. — Prendre un vif intérêt à un ordre d'idées ou de faits de haute envergure est une des plus excellentes choses qu'on puisse conseiller à des obsédés. Que ce soit la musique ou la politique extérieure, une science abstraite ou un art d'agrément, un sport ou une œuvre d'érudition, peu importe. Ce qu'il faut, c'est être mû par une idée générale à laquelle toutes les autres tendances que l'on peut avoir, se subordonnent. Il est toujours fâcheux que l'enthousiasme finisse par créer une manie. Je suis loin d'engager le lecteur à se confiner devant une seule chose et à fermer les yeux à toutes les autres, mais s'agit de faire échec à une obsession morbide, et dût cette obsession disparaître pour faire place à une autre, très honorable, il aurait encore bénéfice.

Ces sept points de notre système complet de cure des aberrations sexuelles assurent, même s'ils ne sont observés qu'en partie, des résultats appréciables.

De nombreux exemples et une grande expérience en ces matières nous permettent d'assurer, de la manière la plus absolue, un succès rapide et complet à tous mes lecteurs et lectrices qui mettraient sérieusement en pratique le système tout entier sans rien omettre de mes recommandations.

La plupart d'entre eux ne sont d'ailleurs que de simples amateurs de curiosités, désireux de s'instruire. Qu'ils veuillent bien conseiller et répandre la lecture de ce petit livre à tous ceux qu'ils soupçonnent de s'intéresser à la flagellation. Ils feront ainsi œuvre utile et plus d'un passionné du fouet leur devra sa guérison.

FIN

SAINT-DENIS. — IMP. Vᵉ BOUILLANT ET J. DARDAILLON.

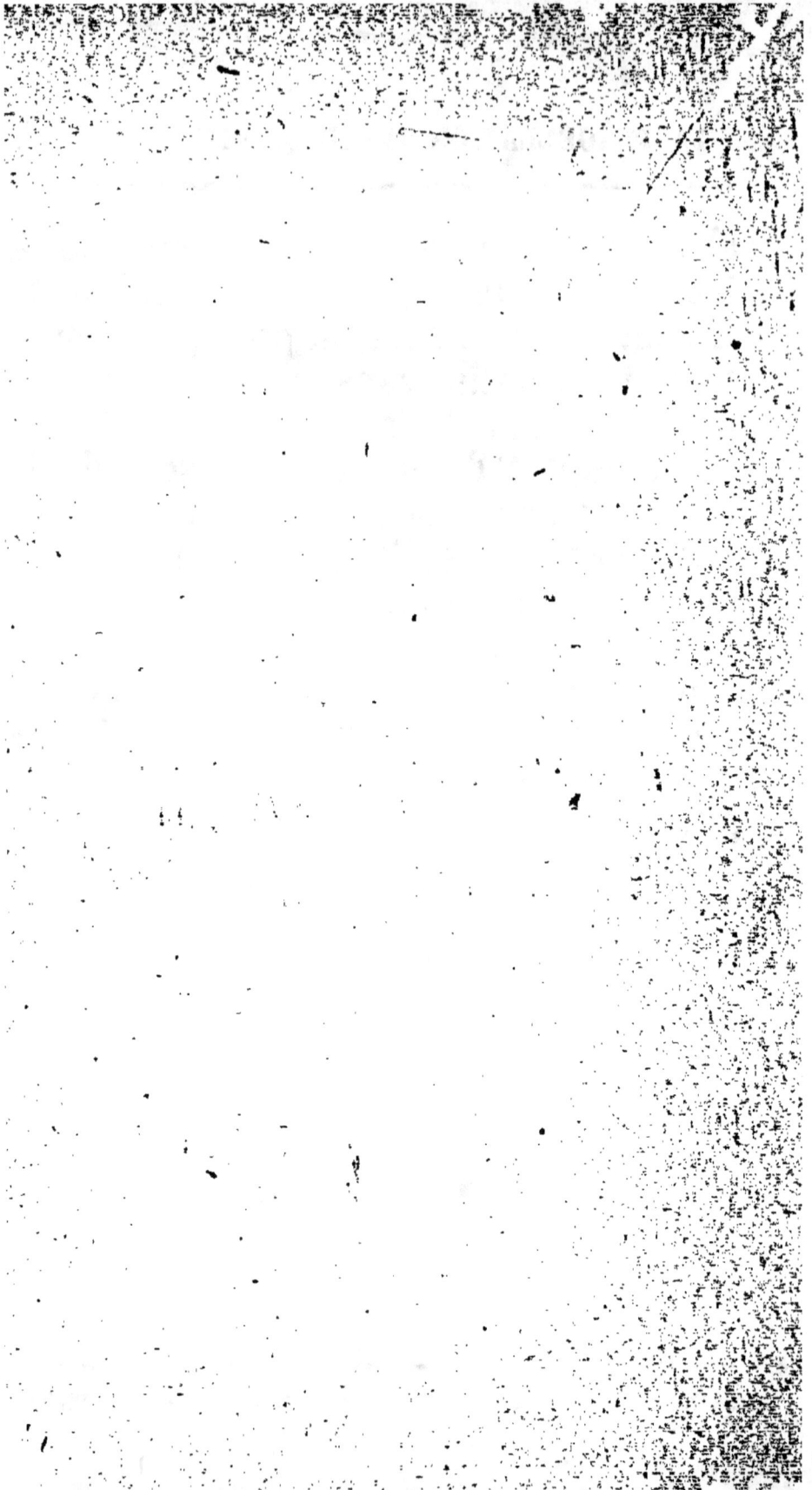

EXTRAITS DU CATALOGUE

DE

NEW-EDITION

20, RUE DE LA VICTOIRE, 20

PARIS-IXe

Spécialement recommandé :

UNE COLLECTION UNIQUE

SUR

LES MYSTÈRES

de l'Amour normal et morbide

ET

Les Secrets de la Vie sexuelle

Prix : 0 fr. 70

Sept petits volumes exquis révélant dans leurs détails les plus suggestifs le charme de l'intimité féminine, la clé du bonheur conjugal, les joies de la vie amoureuse et l'infinie douceur des voluptés savantes. La psychologie des perversités et des passions sensuelles y est magistralement traitée en d'admirables pages où sont analysés tous les raffinements de la plus ardente luxure.

Due à la plume d'érudits spécialistes et de parfaits psychologues tels que les docteurs Jaff, Alibert et Estévan y San Yago, cette collection s'augmentera prochainement de nouveautés extrêmement intéressantes.

Sont actuellement en vente, au prix de 0 fr. 70 l'exemplaire, sous couvertures luxueuses portant une photogravure aussi agréable à la vue que le texte est substantiel et attrayant pour l'esprit :

L'AMOUR DANS LE MARIAGE : LE CATÉCHISME DES ÉPOUX. — Véritable bréviaire du bonheur conjugal et de l'harmonie amoureuse. Le livre de ceux qui vivent heureux dans la félicité de l'union idéale.

LES VICIEUSES : L'Hystérie chez l'Homme et la femme.— Traité scientifique de cette curieuse affection du système nerveux dont les manifestations varient de l'extase la plus mystique à *l'érotisme le plus effréné*.

PLAISIRS CHARNELS : Perversité sexuelle. — Tribadisme et Saphisme.— Psychologie précise des passions dont l'éveil préside à la formation des couples féminins qui s'adonnent, dans l'ombre d'une alcôve dont nul homme n'approchera, à la délectation des baisers affolants.

LES VICES DE L'AMOUR : La Masturbation. — Conseils intimes et sexuels. — Exposé des causes, des pratiques et des conséquences du plus sournoisement perfide des vices : celui qui guette l'ignorance des adolescentes aux approches de la puberté et qui s'insinue dans leurs jeunes sens à la faveur des premières excitations génésiques.

VOLUPTÉ PERVERSE : L'Onanisme que tous les jeunes gens devraient lire pour être en garde contre le plus grand ennemi de leur santé, de leur virilité et de leur succès en amour. Cet ennemi c'est l'onanisme, par quoi les timides et les trop jeunes remplacent si souvent la femme de leur rêve, encore inaccessible.

ÉDUCATION SEXUELLE : Impuissance et Stérilité. — Guide de l'homme et de la femme désireux d'éviter la déchéance des prérogatives de leur sexe, de conserver le parfait fonctionnement de leur appareil génital ou d'améliorer leur état s'il y a lieu.

LA FLAGELLATION TELLE QU'ELLE EST : Psychologie exacte de la passion du fouet. — La plus étrange volupté : celle qui cherche à déterminer le spasme voluptueux par des cinglades données ou subies.

Voici les titres des nouveaux volumes qui compléteront cette splendide collection :

Prix : 0 fr. 75

Pour paraître en Septembre :

LA STÉRILITÉ VOLONTAIRE ET LA CONTINENCE : Leurs Dangers. — Exposé scientifique des troubles et des accidents physiologiques qui sont l'inéluctable conséquence de la stérilité volontaire, du célibat des femmes et de la continence chez les hommes — sauf dans des cas exceptionnels indiqués par l'auteur. Nos lectrices y verront pourquoi la maternité, suivant les lois de la nature, leur épargne de douloureuses maladies qui affligent tôt ou tard la plupart des femmes qui se sont dérobées au devoir.

Pour paraître en Octobre :

PSYCHOLOGIE DE L'AMOUR : L'ART DE SÉDUIRE. — L'amour sensuel, sentimental ou cérébral ne naît pas, comme beaucoup le pensent, au hasard, mais dans des conditions bien déterminées. Ceux qui liront ce livre y trouveront les lois qui président à l'éveil de l'amour à toutes ses gammes : depuis le caprice d'une heure jusqu'à la grande passion dominant toute l'existence. Tous les secrets de la séduction amoureuse sont dans ce livre unique.

Pour paraître en Novembre :

PSYCHOLOGIE DU VICE : LE PROBLÈME DU MAL. — Pourquoi et comment ceux qui s'adonnent éperdument aux vices les plus éhontés ont-ils été amenés à pareille chose ? Quelle est la ligne de démarcation exacte entre l'amour et le vice? Être vicieux est-ce une fatalité ou le devient-on de propos délibéré? Ces questions et une foule d'autres sont traitées magistralement dans ce volume.

Pour paraître en Décembre :

LES MALADIES SEXUELLES : COMMENT ON S'EN PRÉSERVE. — C'est le plus souvent par ignorance et par imprudence que l'on contracte les terribles maladies attribuées anciennement à la seule débauche. Savoir les éviter est certainement une des plus précieuses connaissances qui soient. Leur traitement scientifique suit, dans cet ouvrage, leur description et leur prophylaxie.

Pour paraître en Janvier :

LA PÉDÉRASTIE : PSYCHOLOGIE DE L'INVERSION SEXUELLE. — L'homosexualité est parfois purement physique, mais elle se complique souvent d'un état mental particulier : les sodomistes invertis aiment à s'imaginer qu'ils sont des femmes et à imiter les attitudes, l'habillement et la manière d'être du beau sexe. Cet état d'âme est sérieusement disséqué ici dans toutes ses manifestation.

Volumes spéciaux

MASOCHISME ET FLAGELLATION

Les Grandes Flagellées de l'Histoire

Orné de vingt splendides illustrations hors texte, ce livre expose, en des pages remplies d'esprit, la psychologie troublante et aimable de l'humiliation, qui n'est pas la moindre douleur du supplice infamant des verges. Il évoque avec une frémissante réalité le retroussé indécent dont furent victimes « d'*honnêtes dames* » — et non des moindres. Très curieux.

Franco : 5 francs.

Maisons de Plaisir
et de
Distractions Parisiennes

Édition complète de luxe de 252 pages donnant les renseignements exacts de tous les Plaisirs secrets de Paris, illustrée de 28 photogravures d'après nature, les Scènes de la Vie Parisienne.

Prix : 3 fr. 50.

Les Batteuses d'Hommes

Ces femmes altières, au tempérament hautain et autoritaire vivent parmi nous, cherchant sur leur chemin une proie à martyriser et à briser sous leur implacable et tyrannique volonté. Ce sont de belles tigresses sanguinaires et cruelles, et l'homme qui a senti la magie de leur pied sur la nuque, est perdu à tout jamais. Il a beau chercher à se soustraire à leur puissante fascination, ses efforts sont vains et il tombe comme l'élève dompté. Tel est ce livre étrange, que tous les curieux de sensations rares et tous les raffinés d'amour liront avec ferveur.

Orné de dix planches hors texte.

Franco : 3 fr. 50.

MISS

par Sadie BLACKEYES

> Sa maison étoit une espèce de
> conciergerie. Dès qu'une fille était
> entrée chez elle, elle n'en pouvoit
> sortir ; elle les faisoit travailler
> et les châtioit durement.
>
> TALLEMANT DES RÉAUX
> (*Mémoires*, Liv. VIII)

Couverture, frontispice et nombreuses illustrations
par Louis MALTESTE

Miss, c'est la demoiselle autoritaire, la maîtresse de pension dans toute l'acception du terme, d'autant plus que le pensionnat qu'elle tient sous sa coupe est un pensionnat de correction pour demoiselles de haut lignage.

Présentées sous forme de mémoires, ces confessions racontées par la jeune fille elle-même, qui appartient au meilleur monde, offrent l'attrait de la sincérité, du pittoresque et de l'émotion qui se dégage toujours des choses vues.

La charmante héroïne qui raconte ses aventures chez la belle directrice, les présente dans un style alerte, spirituel et tout empreint de cette exquise sensibilité féminine.

Le roman de cette vie asservie par le fouet, se divise en deux parties.

Dans la première, la jeune fille nous initie aux mœurs, aux coutumes disciplinaires de la pension.

Dans la deuxième, devenue femme, elle nous montre son existence, sa curieuse passion pour les châtiments corporels, les souvenirs cuisants qui en résultent pour elle.

Ce livre de mémoires, répétons-le, est écrit avec soin, car l'héroïne est lettrée. Les illustrations qui ornent ce volume sont d'un maître, sur le nom duquel il n'est pas besoin d'insister. Nous pouvons dire qu'aucun livre n'a été présenté sur ce sujet avec un souci aussi artiste de la vérité, tant dans le texte que dans la gravure.

Un fort volume. Prix : 5 francs.

La Villa des Angoisses

par H. BOISSON

Illustrations de G. SMIT

Fétichistes des deux sexes, flagellants et flagellantes sont ici pris sur le vif, au cours de leurs ébats passionnés. Pur chef-d'œuvre d'érotisme intense.

Un beau volume, couverture en couleur, papier de luxe.

Prix : 5 francs.

QUINZE ANS
par Sadie BLACKEYES

Ce charmant roman de *Sadie Blackeyes* est un nouveau chef-d'œuvre de cet auteur documenté, dont le style aimable s'allie à la plus savante psychologie.

C'est une curieuse étude de nos mœurs contemporaines dont les péripéties se déroulent dans les pages de ce roman plein d'humour et de fine observation.

Quinze ans ! c'est l'âge adorable, le beau printemps, l'adolescence gracieuse. Le lecteur désirera connaître les aventures de quatre petites péronnelles, espiègles, mutines et qui finissent par faire connaissance avec Monseigneur le Fouet pour avoir désobéi à leurs parents dans des circonstances adorablement amusantes

Ces demoiselles sont toutes du meilleur monde, ce qui permet à l'auteur de peindre, dans une malicieuse satire, les mœurs de la Société bourgeoise si hautaine et si collet monté.

Pour faire suite à ce roman vécu, *Sadie Blackeyes* a réuni *toute une série de lettres traitant des châtiments corporels infligés aux filles dans les écoles et dans la famille.* Ces lettres sont extrèmement intéressantes, comme documents authentiques. Une nouvelle : *Sonia ou la Belle Étudiante,* termine ce fort volume, apportant un élément nouveau dans l'histoire des châtiments féminins. Elle est écrite dans un style que ne renieraient pas les grands auteurs russes *Tchekow, Léonide Andreiw,* etc.

Un volume couv. couleur : 5 francs.
Superbes illustrations de L. Malteste.

~~~~~~~~~~~~~~~~

Amour et Flagellation
Documents inédits, notes, souvenirs et observations publiés par VICTOR LECA

Il n'est question dans ce livre que de choses vues et vécues réellement à Paris, en Algérie, en Italie, en Belgique et en Extrême-Orient.

Œuvre unique sur la flagellation. Tout à fait inédit.

Belle édition de luxe ornée d'une couverture artistique, de Léon Roze et de simili-gravures.

Franco : 6 francs.

Vénus Impératrix
par Léopold SACHER MASOCH

Nouvelles posthumes. Un volume in-8°, orné de douze planches. Couverture illustrée.

L'auteur est le maître du genre. Dans cet ouvrage, comme dans tous ceux qu'il a écrits, il donne un grand nombre de révélations inédites fort réjouissantes. Son titre est d'ailleurs prometteur. Et le lecteur peut être assuré qu'il tient ses promesses.

Franco : 5 francs.

~~~~~~~~~~~~~~~~

Lise fessée

Notes sur la Flagellation à l'École et dans le Monde

Lise fessée, c'est l'histoire d'une jeune fille de la haute bourgeoisie, qui à la suite de revers de fortune se voit contrainte à gagner sa vie.

Elle lit les annonces dans les journaux, et s'initie bien malgré elle aux dessous scandaleux de la société contemporaine.

Prise par des trafiquants de chair humaine, elle est enfermée dans une maison de flagellation de San-Francisco.

Après avoir vu son innocence soumise à de cruelles épreuves, elle s'échappe et... devient la proie d'un bandit qui brise la volonté de la pauvrette, en lui infligeant d'infamantes corrections.

La psychologie de ce roman absolument véridique, est toute en ceci : la *terreur* et la *honte* que le fouet inspire à une jeune fille et à des fillettes bien élevées.

Après avoir vu ses compagnes d'école soumises à cette dégradante correction, après avoir plusieurs fois échappé elle-même au châtiment du fouet, Lise finit par subir ce supplice et dans les plus tragiques circonstances.

Ce roman appelé à un vif succès est illustré de superbes dessins à la plume de L. Riézer et de Jean Leprince.

Le volume, franco : 5 francs.

~~~~~~~~~~~~~~~~

Satyres et Flagellants
par le professeur MAX ALEXANDER

Ouvrage nouveau par l'étrangeté du sujet traité ; nouveau par les citations puisées aux sources les plus autorisées de la science d'observation, et réunies dans un seul volume.

De nombreuses scènes de flagellation terminent cet ouvrage vraiment sensationnel.

Illustré par L. RIVEREND de nombreuses gravures et hors-texte et couverture en couleurs.

Prix : 5 francs.

L'Art d'aimer
(École d'amour)
par le Docteur JAF

Ce livre évoque clairement les joies les plus grisantes de l'amour, sous la loi frissonnante de l'âme éprise de tendresse bienheureuse.

Nombreuses illustrations. Couverture en couleurs.

Le volume, franco : 3 fr. 50.

~~~~~~~~~~~~~~

Du Pensionnat à l'Alcôve
par Victor LECA

Ce nouvel ouvrage de l'auteur de *Chair en folie*, coutumier du succès, est un tableau très sincère et très naturel des mœurs d'aujourd'hui. Les amateurs de livre d'amour — d'amour sans simagrées, sans hypocrisie — liront celui-ci avec un réel plaisir.

Beau volume sous couverture en couleurs.

Franco : 3 fr. 50.

~~~~~~~~~~~~~~

L'Amour en Ménage

Bréviaire des jeunes gens et jeunes filles sur le point de contracter mariage. Un coup d'œil ci-dessous fixera sur l'importance de l'ouvrage :

Fragment du sommaire :

I. Pour être heureux, faites un mariage d'amour. — II. Les formalités du mariage. — III. Droits et devoirs mutuels des époux. — IV. A propos du divorce. — V. Pensons aux enfants. — VI. Conditions et papiers indispensables pour se marier. — VII. Les différents régimes du mariage. — VIII. Guide du garçon et de la demoiselle d'honneur. — IX. L'infanticide et l'avortement. — X. Conseils amicaux aux jeunes gens sur le point de se marier. — XI. Quelques modèles de lettres relatives au mariage. — XII. Chansons et Monologues spéciaux pour le jour des noces. — XIII. Déclarations d'amour, etc., etc.

Le volume : 1 fr. 25.

MISS DEAN
par Max des VIGNONS

On a beaucoup écrit jusqu'à ce jour sur la « flagellation », mais une œuvre psychologique, traitant de ce sujet, manquait encore. Max des VIGNONS comble cette lacune aujourd'hui par une étude des plus approfondies.

« *Miss Dean* » est un roman d'une science très avertie en même temps qu'une œuvre des plus nouvelles. Les sensations, les goûts, les désirs, les habitudes des flagellants et flagellés y sont étudiés avec une extrême franchise et décrits en un style précis et clair. On y voit comment, d'une première correction, toute une famille devient flagellante, et cela sans secousse, le plus naturellement possible. Un aperçu de la table des matières en dira assez long pour nous dispenser d'insister.

Ce superbe volume est orné de splendides planches tirées en couleur sous une belle couverture du maître Gaston NOURY, gravée par MULLOT-KRIÉGER.

Prix : 5 francs

L'Amour à Passions

Un magnifique volume avec une artistique couverture en couleurs de MALTESTE, 3 fr. 50.

L'Amour à passion ! Quel titre suggestif ! Ce titre n'est pas qu'une étiquette destinée à pousser la vente du livre : l'ouvrage est réellement une étude fouillée, documentée de toutes les passions qui dénaturent l'amour : flagellation, morphine, éther, messes noires, etc., etc., l'auteur décrit tout cela dans un style magique, évocateur qui l'a placé au premier rang de nos littérateurs. Ce ne sont point là produits d'imagination d'écrivain, ce sont des notes prises sur le vif, un cinéma fidèle ; au reste, René Schwaeblé prouve qu'il a vu tout ce qu'il dépeint si merveilleusement, il cite les noms, les adresses. Il fonce avec l'impétuosité et la franchise dont il est coutumier sur le Tout-Paris vicieux et détraqué, il expose ses tares au grand jour sans autre souci que celui de la vérité.

Le public l'a vite compris et a applaudi à sa hardie tentative, puisqu'en moins de deux mois deux éditions de l'ouvrage ont été épuisées ! C'est actuellement le douzième mille que nous mettons en vente ! Succès sans précédent !

L'Amour à passion : par René SCHWAEBLÉ, 3 fr. 50

Ceinture dorée
Grand roman passionnel
par VICTORIEN DU SAUSSAY

Ceinture dorée est par excellence le roman d'une vie. Tous ceux qui ont aimé éprouveront un trouble irrésistible en feuilletant ces pages senties et vécues.

Couverture et hors-texte de CADORNA. Nombreuses illustrations dans le texte.

Prix : 3 fr. 50

Le Journal d'une Masseuse
par La VRILLE

Etrange biographie d'une jeune fille qui, après maints avatars, fonde un cabinet de massage ultra-chic, où se déroulent bientôt les scènes les plus suggestives.

Mondaines perverses, vieux messieurs gâteux aux caprices étonnants sont peints avec une verve et une bonne humeur qui permettent de tout dire.

Ce livre admirablement écrit peut s'apparenter, par la forme et la peinture de mœurs, au célèbre *Journal d'une Femme de chambre*, du grand écrivain Octave Mirbeau.

Tour à tour, ironique, sentimental, l'auteur se révèle comme un grand humoriste, malgré bien des pages émouvantes et tendres.

Un volume illustré par L. Rie...

Prix : 3 fr. 50.

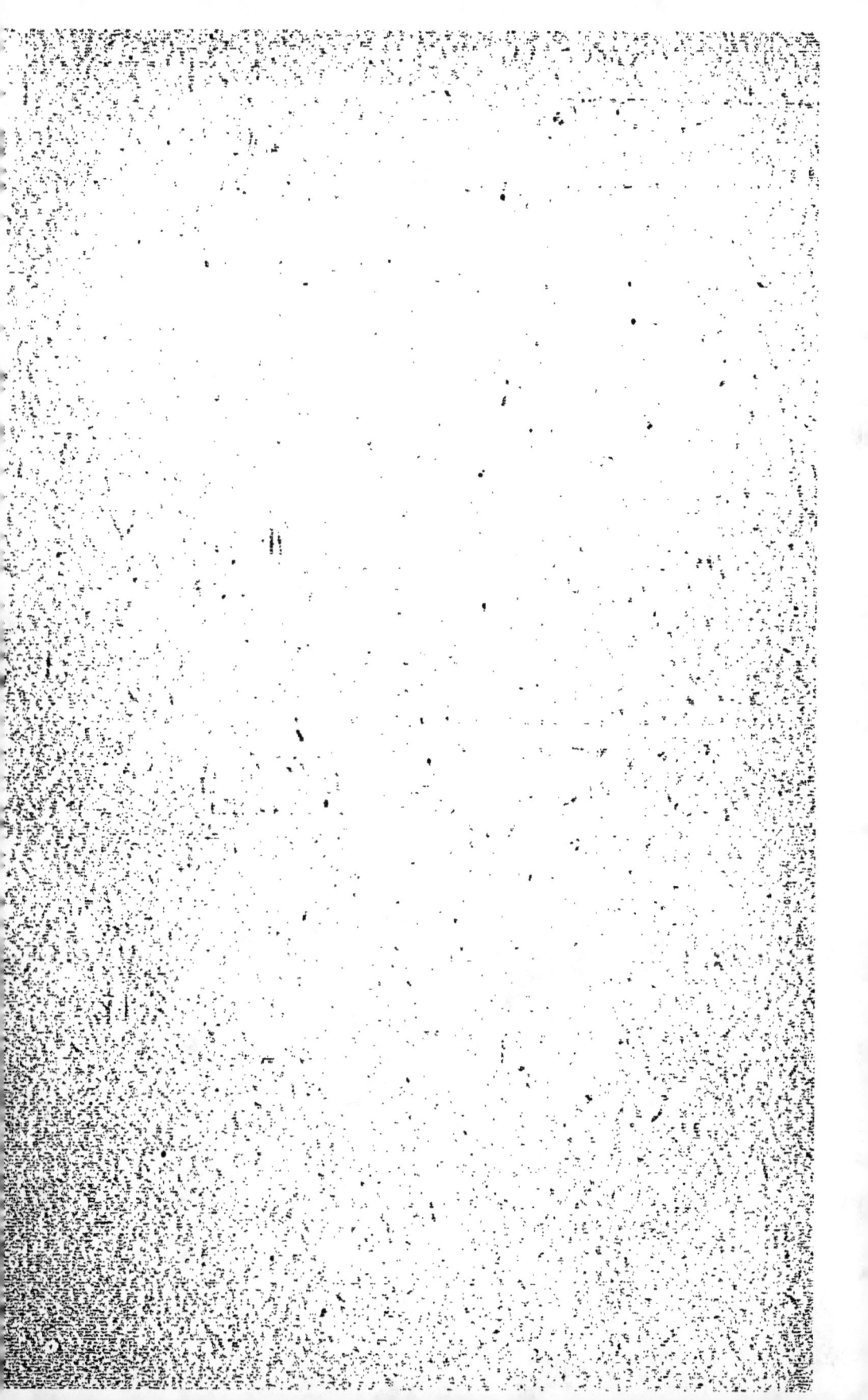

www.ingramcontent.com/pod-product-compliance
Lightning Source LLC
Chambersburg PA
CBHW052218270326
41931CB00011B/2400